AQUARIUS

AQUARIUS

AQUARIUS

AQUARIUS

Vision

一些人物，
一些視野，
一些觀點，
與一個全新的遠景！

我的不正經人生觀

黃益中

【推薦序】

男孩、女孩，這是你們人生最重要且必修的一堂課

◎田定豐（種子音樂創辦人、作家）

我們從小就被所謂「溫良恭儉讓」的假面道德教育，框架成一個和內心衝突的自己。也在這樣的社會環境，為了符合「正經」的正確人生觀，偽裝各種表面的善，但卻與人性裡的「惡」距離越來越近。

但大家所熟知的台灣熱血公民教師黃益中，卻以「思辨」的精神，教育現在的學生，身為公民，對於社會議題所該有的思考與辨識能力，而非一味地迎合習以

為常的標準認知。

這次，他的新書《我的不正經人生觀》一書中，以過來人經歷的各種故事，赤裸揭露出在社會上，男男女女面對各種情感時，一定會遇到的各種招式和問題，以及對自身困惑和所處環境應對的解答。

在〈約會表現，決定對方看你的心態〉這篇，就是從男生到底在想什麼的角度，來讓女生們知道約會時應該有的正確心態，因為那會決定男生們從心裡面是怎麼真正在看你。

而在〈男孩們，走出網路酸民世界吧！〉、〈公主病，是誰捧出來的？〉這兩篇裡，益中從自己上網路社群ＢＢＳ的經驗，觀察這些隱藏在不為人知的帳號背後，大肆批評的酸民心態。接著，再反推回現實世界裡，帶領大家看見男孩們在情感世界裡的挫折和自卑，以及應該用什麼樣的態度去調整，讓自己成為更好的人。

讓我驚訝的是，這位大家眼中的「天菜」，竟然在書中分享了自己參加過上百次聯誼被打槍的經驗。他在這些經驗裡，得到「聯誼是讓人學會勇敢和謙卑的一課」這樣的結論；而在我們一般人眼中，夜店只是玩樂、把妹的場所，在他的故事裡，竟也成了看透人性的場域。

他所寫到的「打工」經驗，則成為性別意識的啟蒙，造就他日後成為為「性別平權」努力的鬥士。而我們一般抱持著能混就混過的當兵經驗，也在他心態的轉換下，成了一個步入社會前，小型社會縮影的經驗模擬。

對於「朋友」，他也在多次的真心換絕情下，有了深刻的體悟，並知道怎麼去選擇和自己頻率相同的人、和這些人當朋友，互相成為彼此的貴人。

在這三十五篇故事裡，沒有大家習以為常的論理，而是黃益中從自己學生時期到步入社會，在每一個人生階段裡所遇到的真實經歷，用他細膩的觀察來和讀者們分享。

關於愛情，關於友情，關於婚姻，關於平權，關於教育，更關於人性的故事描述。他以親身的經歷和獨到的體悟，寫成這一本所有男孩女孩們，人生裡最重要且必修的一堂課。

【推薦序】

人生非無菌，早點有抗體更好

◎御姊愛（作家）

在我求學的年代，曾經流行過一部由反町隆史主演的日劇《麻辣教師GTO》，痞痞的老師在教育界是個怪咖，卻最懂得如何與學生相處，因為他們的叛逆這老師也曾經有過。在我認識黃益中之前，我以為那不過就是日劇上的情節，但他活脫脫把麻辣教師這樣的角色活了出來。

說真的，如果我當年還在交友市場上打滾時遇到黃益中，我肯定一次也不會給他機會，因為他的樣兒實在太痞了。帥是帥，但就不是社會賦予乖寶寶形象那種白淨斯文書生型，所以他在書裡說他總是在聯誼場上吃鱉，我讀得哈哈大笑。是的，我也會成為拒絕他的那一個。

因為他看起來在社會上混得太深入了。

可是多年後，當我們自己在社會上踉踉蹌蹌地走了一遭，這才發現乖寶寶時常沒什麼街頭智慧（Street Smart），做著辦公室白領階級的工作又怎麼樣，回到家不懂得體貼另一半、只會追逐個人利益而不管同伴死活、覺得自己的功能就是賺錢而不管家務、一遇到裁員就自怨自艾變成一灘扶不上牆的爛泥、一被異性拒絕就憤而覺得全世界都對不起他……

菁英的形象只是一個人的某一面，處世的智慧往往被忽略。

是誰把我們社會對菁英的定義如此窄化？是我們自己。當整個社會都期待某一種「乖寶寶專屬的成長路線」，無疑是讓這群乖寶寶活得像無菌室裡的產品。一脫離無菌室，乖寶寶們仍然必須要自己單打獨鬥，有些乖寶寶要不敗下陣來，要不就變種成怪物。

所謂的預先打預防針，讓體內產生抗體，反而能更強大就是這個意思。無菌不能幫你更強，有點菌反而可以。

黃益中這本書是他一路怎麼產生抗體的成長過程，非常有趣。他不是典型「很乖」的孩子，比起我這種一輩子沒上過夜店的人，我很羨慕他可以在年輕的時候去多看看，看人生百態，在各種眾生相之中找到自己的定位，也因為了解世界上形形色色的人很多，反而練就跟不同的人相處的能力。

在無菌室裡不變壞，不能保證什麼；有點菌卻不變壞，表示內心的穩定性將會更強大。至於如何在有點菌的環境裡做出對的思辨，則是這本書最寶貴的論述。

【推薦序】

天菜風格養成攻略

◎黃偉雄（《men's uno》總編輯、時尚工作者）

清晰記得，第一次見到黃益中老師本人，是在二〇一六年台北同志大遊行的茫茫人海裡。當時隻身穿梭在隊伍中的他，胸前揹著一台單眼相機，正專注記錄著街頭上熱情滿溢的動容時刻，雙目炯然有神，渾身散發颯爽英氣，令人油然感佩生敬。

為了深切瞭解這位向來關懷弱勢、為正義發聲的熱血教師私底下的真實性格，特別趕赴他上一本著作《向高牆說不》的首場分享會，近距離聆聽言教。一席激盪價值判斷的穿透話語，果真恍如醍醐灌頂。其後，我決心帶著攝影團隊前進校園，與他進行貼身訪問，和一群青春正盛的高中學生們，齊同上了一堂對於人格養成受益良多的公民課。正所謂「能力越大，責任越大」，端坐在教室裡的那一刻，我親身感見益中戮力實踐著傳道授業的教師使命，不禁由衷欣喜下一代莘莘學子茁壯長成有望。

如今，有緣與益中成為現實生活裡一同吃飯出遊、無話不談的交心好友，我依然經常心存懷疑：究竟要擁有多麼堅定的意志力、對世界存有如何旺盛的求知好奇心，才能像他那樣維持每日晨起健身、閱報掌握時事、認真上課教學的規律生活習慣？有時課程結束之後，經常見他仍得騎著機車跑電視通告或出席活動、力挺朋友們的各式社交聚會，夜晚返家後甚至還繼續蒐羅新聞情報、撰寫專欄，度過豐盈充實的反覆日常。許多人或許以為那些斜槓身分下的忙碌奔波都是他自找而來，但看在身旁摯友的眼中，真切是益中對這個社會懷抱滿腔熱情、不斷努力實現自我的真情展現。這份「懂得運用時間」的嚴謹自律能力，加乘「時刻注重身心保養」的細膩品味，相當值得眾人看齊、學習。

勇氣來自於智慧，而智慧來自於閱讀。透過閱讀，不僅得與廣闊的世界接軌，

天菜風格養成攻略

更能讓我們的心靈鍛鍊得足夠寬容且堅強，去面對未知的每一天。在歷經喚醒人們對於社會各面向議題的基礎思辨能力與同理心、重新審視現有制度的慣性思考盲點之後，今回益中決定攤開自年少時期一路跌撞習得的寶貴經驗，書寫成「堅守不正經人生觀之華麗逆轉」的天菜風格養成攻略，引領男孩、女孩們逐一解決生命裡的點滴疑惑，先學會從「心」認清自己、參透人性，繼而懂得謙卑做出每個階段的人生選擇，騰飛出去外面的精采世界，勇敢實現自我，從生活細微中積累獨特風範。

青春是一首流浪理想、色彩斑斕的無悔詩句，愛情是一場永遠不褪流行的名牌追尋。潮流會更迭，夢想會變調，唯有強大的心志方能完成自我覺知，堅定不移地行走於明確中道之上。

感恩讚嘆益中無私無我地傾盡半生功力，彙集成這本人生必修課的制霸天書。且讓我們一同追隨明師寶典，潛心修習，努力成就更好的自己！

【推薦序】

打不死的追愛鬥士——新一代兩性教主終於誕生了！

◎崴爺（斜槓大叔、作家）

我和大部分的人一樣，是從電視政論節目、網路媒體的報導，知道「黃益中」。認識之前，直覺他是個難親近、狂傲不羈的人……

直到去年，經由共同朋友介紹，終於見到了益中本人，之後有幸和他成為好友。在這鄭重告訴各位：「黃益中私底下根本不像電視上那樣tough啊！」

在獵豹般酷帥的外表下，他有著像Kitty貓溫順可愛的個性；驍勇的海軍陸戰隊出身，但卻情感豐沛、心思細膩，連我們朋友間一起旅遊，都是由他負責張羅交通、住宿、行程這些細節。這種「反差萌」讓他特別有魅力。

相處的過程中我還發現，政治評論根本只是黃益中的第二專長，他最擅長的其實是兩性愛情的剖析，每每都有自己的獨到見解。正如本書編輯所下的註解：他就是台灣最大尾，被政治耽誤的「兩性作家」呀！

有句話說：「平靜的湖面，無法鍛鍊出出眾的水手。」同樣的道理，平順的感情路，也無法造就出優秀的兩性專家。

曾經和益中聊到他學生時期的慘烈悲壯戀愛史（其實比較像是單戀史），我覺得他真的是魯蛇界的「奇葩」、打不死的追愛鬥士。從小身形單薄、個性極宅、腦袋簡單，竟然參加了上百場聯誼卻沒有一次成功，為了把妹還被學長趁火打劫……這些情節，根本可以拍成一齣八點檔。

當年拒絕他的女孩們萬萬沒想到，如今他竟變成男女通殺的超級男神，還娶到貌似許瑋甯的美麗老婆。

黃益中的感情之路猶如三藏取經一樣曲折離奇（他髮型還真的有像唐僧），一路上遇到各種妖魔鬼怪、風波災難，但憑著一股越挫越勇的「把妹精神」，不斷地在失敗中進化自己，不斷地在錯誤中領悟真正的感情之道，最後終於達陣成佛……

他，根本是兩性感情上的陸戰隊。

一段好的感情可以帶你上天堂，一段糟糕的感情會把人關進暗無天日的套房。「感情」這門學問，學校沒教，卻足以影響一個人的人生。

如果你正憧憬戀愛的到來，如果你正受困在渾沌不明的感情中，如果你正糾結在一段逝去的愛，無法超渡自己，那麼黃益中的這本新書絕對是能讓你開光、長眼、渡化自己的必讀佳作。

《我的不正經人生觀》裡，黃益中把二十幾年的戀愛血淚史，化為七萬多個文字，篇篇精彩、字字珠璣，是少數不打高空、最接地氣的情感聖經。

就如益中寫的這句：「與其最後再來悔恨當初為何這麼傻，還不如先看穿這場愛情遊戲，做好心理準備再踏入。」善男信女們若能熟讀、參透，未來的感情路將會無往不利、百毒不侵；宅男腐女也能靠著這本書的調教，成功逆轉人生。

我用了兩天看完益中這本大作，心中滿滿的驚豔：台灣新一代的「兩性教主」終於誕生了！

【自序】

就是我曾經夠失敗，才有現在的自己

如果說，我用三個月的時間寫出《思辨》，那麼這次，我是用二十五年的人生經驗，寫成《我的不正經人生觀》。

先說抱歉，這不是一本滿滿正能量的人生指南，你也不用期待裡頭有什麼心

靈雞湯。如果我的人生一切都圓滿順遂，就不需要寫這本書了。

我出身平凡，家境普通，沒背景，沒靠山，長相還常被標籤為不良少年。按照社會的期待，如同絕大多數的青年朋友一樣，我原本應該安分守己地，找一份穩定（但不滿意）的工作，組一個（貌似）幸福的家庭，然後儘管有諸多怨言，也只能每天摸摸鼻子安慰、欺騙自己：「這樣很好，我做得很好。」

可是，人生最大的問題就是這個可是，如同算命師曾跟我講過的，偏偏我後腦勺有一塊突起的骨頭，注定了天生要反骨。與其說我叛逆，倒不如說我不服輸。總之，我不向既定命運低頭，一再給自己設定目標（把妹），而且實事求是，不打高空。我創造可負擔的壓力，用堅定的意志，在挑戰中，一次又一次地進化。

廣大的年輕朋友們，我與你分享我魯蛇的過往，只是想告訴你，人生就是這麼不公平，與其羨慕、嫉妒那些公主與王子，不如省省力氣，把自己顧好才是最重要的。

我寫了很多親身經驗，有些真相聽起來或許很殘酷，特別在感情這塊，但我寧可忠言逆耳。可以的話，希望你早點認清現實，少走一點冤枉路。你也許達不到小時候作文課許下的夢想，但至少，你不枉費你的人生，有一天你可以大聲講出來：「我努力過了。」

謝謝我遇過的逆行菩薩，仇恨是成長的動力，用對地方就好。

謝謝我的同志朋友，你們是我的貴人，人生因你們而美好。

「生於憂患，死於安樂。」人生要逆轉，說到底，堅持而已。

目錄

PART 3 走出校門的自闖課

PART 4 學校不教，但你該學的性別課

目錄

我的不正經人生觀

PART 1 愛不愛有關係的學分課

保護自己的第一課——多談戀愛

每當社會新聞出現外遇、情殺、輕生這類的感情事件時，上課時我多少會語重心長跟班上的女學生講，不管你們將來要怎麼談戀愛，永遠記住老師這句話：什麼都是假的，只有保護自己是真的。

有時我會在課堂上講出一些讓人乍聽會覺得很荒謬的感情觀，唉，可是同學們，老師怎麼可能害你們呢？我講的，都是二十年在臺北打滾的肺腑之言啊！男人的話術就那些，與其最後再來悔恨當初為何這麼傻，還不如先看穿這場愛情遊戲，做好心理準備再踏入。

多談戀愛，才能累積被騙的經驗

首先，多談戀愛是第一課。

家長都會告誡女孩子，什麼上了大學以後再談戀愛，然後都二十幾歲了還是門禁森嚴，比方晚上十點前要到家，我可以理解這些種種保護措施，目的當然是要保護涉世未深的女兒，可是有沒有想過，就是因為涉世未深，一旦開啟了戀愛的開關，被騙最深的也往往是這些最單純的善良女孩。

婚前守貞，把自己的初夜留給最愛的男人，本身就是一個很瞎的觀念。我在這裡無意挑戰任何宗教信仰，只是純粹就事論事，假設，這女孩真的很聽話都不敢交男朋友，或者交過但沒有性行為，在某一個適婚年齡（比如二十八歲，比如三十歲）認識了一個不錯的對象成婚，然後就在自己神聖的初夜裡，發現對方根本不行，接下來也都不行，請問老闆這能退換貨嗎？

所謂的「處女情結」，我覺得根本是那些不行的男人自行編織出的一套話術，也是他們自私自大的根源之一。因為女孩無從比較，當然就不知道原來她的對象這麼小／弱／軟，也不會知道原來世上還有別的男人是會體貼浪漫前戲做足的，更不可能去享受所謂高潮的快感。

作為一個女性，她可能一輩子傻傻地以為這就是性，又因為羞於啟齒不好意思跟自己女性好友談論這些，平白葬送原本也許可以好好享受的性的人生。

一生只跟一個男人交往然後結婚，說真的如果從此白頭偕老、永浴愛河我也是祝福。偏偏啊！女孩你的唯一卻不代表你是他的唯一啊。喜新厭舊、獵奇嘗鮮都是人的本性，社會的道德規範約束我們不能這麼做，但每個男人受拘束的情況不盡相同，多談戀愛才能累積「被騙」的經驗。

感情的世界裡，欺瞞不是什麼大不了的事。女孩們一般都喜歡浪漫體貼的男人（誰不喜歡啊），適時傳簡訊貼心問候，排除萬難開車或騎車來接送，送花送禮物送小卡片，最好再來個驚喜，打開行李箱看到氣球之類的。可我要提醒，這種浪漫性格的男性，通常也比較怕寂寞，同樣的事他可能也對其他女孩複製貼上，而且做得更圓滿俐落（熟能生巧嘛）。

舉個例子，女孩們有時會埋怨自己的男伴很不用心，連要去哪裡約會都沒有好好規劃路線。可是，你有想過嗎？當他可以很流暢地帶你去一個又一個特色餐廳或私房景點，可能表示他早就帶過好幾個女生走這條路線了。有一好真的沒兩好，務實比浪漫重要，偏偏這需要時間才能證明。

我也要特別奉勸想當「貴婦」、「少奶奶」的女孩，**絕對不要放棄自己原本的事業。**

一定要保有自主的經濟能力，國家栽培你受教育，絕對不是要你長大以後每天在家「相夫教子」。你不是生育機器，更不是丈夫的財產。一旦放棄了原本的求生能力，五年，只要五年，一旦你丈夫在外面養了小三小四，你可能連離開的勇氣都沒有，以後又要去哪找工作養活自己？

不正經碎碎念

玩咖跟渣男之間，有什麼差別？我一位網美學生這樣說過：「渣男就是從來不會給你承諾，但又會給你希望。」玩咖是明的，擺明讓你知道for fun，要來就來，不來也不勉強。反正遊戲規則寫清楚，你也可以有別的男人，他不會干涉。渣男則是來陰的，利用資訊不對稱，耽誤了女孩的青春。他每天甜言蜜語，讓你以為你是他的唯一，劈腿被抓到了，還淚流滿面，哭著要你相信他。

感情世界裡，不被愛的才是第三者

曾經的熱門偶像劇《犀利人妻》裡，介入別人家庭的小三說了句名言：「在愛情的世界裡，不被愛的才是第三者。」這句話聽在眾多大老婆正宮的耳裡，當然是恨得牙癢癢，小三搶人家老公已經是天理難容，現在竟然還侵門踏戶，簡直吃人夠夠！

其實這種事並不只發生在偶像劇裡，它也存在於你我周遭好友、同事、家人的生活中，難怪這句臺詞這麼讓人印象深刻。但是，女孩，先少安勿躁，能不能退一步冷靜想想，當我們在責備小三破壞別人家庭的時候，為什麼要用「破壞」二字呢？

如果只有單方面的「勾引」，請問是要怎麼破壞家庭？

小三，又稱第三者，過去總被稱作「狐狸精」。在古典小說《聊齋誌異》裡，會勾引男人的女人，都是狐狸的化身，但也不是隨便什麼人都能當狐狸精的，至少在蒲松齡筆下，這些狐女都擁有貌美、聰慧、有個性的形象，超越規範而與現實中的女子有很大差異。也就是說，她們是很有魅力的。

你也許會說，如果沒有這隻狐狸精，丈夫怎麼會出軌？這裡容我引用《犀利人妻》裡，溫瑞凡對妻子謝安真說的那句話：「我感覺自己在每天日復一日的生活中，自己只像個零件，只是在維持機器的運轉，再也沒有了自己。」因為這樣，他要尋找「愛」的感覺，找回原本的自己。

感情的世界裡，很難說誰對誰錯，或者根本沒有對錯。一個巴掌拍不響，你的另一半如果心在你這裡，管他什麼多正的小三、狐狸精，他一樣是心如止水。反之，如果他只是一個零件，就算現在沒有小三來誘惑，我也不認為這樣的感情有存在的價值。

離婚未必是悲劇

講講離婚吧。我有個高中同學，跟女友從大一就開始交往，大學畢業三年後結婚。其實他們兩個在交往過程中就分分合合幾次，朋友們都不看好，那為什麼後來會結婚呢？以我對男方的了解，結婚不是因為愛，而是因為「時間到了」，相處久了就像家人，好像也該給對方一個交代。結婚之後，原本也還保持平平淡淡的關係，卻在生了小孩以後，生活步調突然改變。太太要求丈夫要多待在家裡，對於小孩的教養也比較有自己的想法，原本強勢的個性更加凸顯。而我同學呢？隱藏在內心的叛逆性格開始反彈，變得不喜歡下班就回家，甚至覺得回到家就像被關在牢籠裡，夫妻爭吵也開始變多。這樣的生活持續了幾年，他慢慢地跟以前認識的女性朋友搭上線，原本只是訴苦，後來也開始有了心靈上的曖昧。

最後的結果如你所想，就是太太發現了，大哭暴怒後離婚。離婚，讓原本共同的生活頓時拆成兩半，從此各過各的生活。其實只要小孩有人照顧，我覺得這對雙方都是好事一樁，偏偏女方不甘心，始終覺得婚姻會破裂都是因為小三的介入，一直往死胡同裡鑽。

她對丈夫講了一句重話：「我根本不認識真正的你。」

我很同情女生的處境，但我也很想問問她，眼前的這個男人，為什麼不敢在你面前做自己？你寧可要一個已經沒有愛的婚姻，還是放下怨恨走出來，讓自己活得開心，做好準備，迎接下一段感情？

不正經碎碎念

分享一個我在PTT「Boy-Girl看板」看到的真實故事：「前一秒跟我說：我現階段只想衝事業，不想要談戀愛。我沒有時間。你要的我給不了。下一秒對劈腿對象說，所有的一切都是為了遇見你。現在是我最好的時候遇見最好的你。」

在我看來，這位男主角的確不想談戀愛，或者說白一點，是不想跟你談。分了，笑笑就好。人家說「相由心生」，如果還停留在過去的依戀當中，只會讓你面容可憎，失去更多原本屬於你的機會啊。

如何判斷恐怖情人？

多談戀愛很好，但不要被愛情沖昏頭也是要提醒的。

當你的男友很認真地對你說出「你是我的唯一」、「我只有你了」、「沒有你我活不下去」這類聽起來很真摯的話，他的生活也真的以你為中心，為了你再也不跟其他朋友聯絡（俗稱有異性沒人性），成天繞著你打轉時，你就得當心了。

因為，你有可能遇到恐怖情人了。

判斷恐怖情人的訊號

恐怖情人跟深深愛你有時候很難分別，不過，有個判讀的線索就是他的重心為何。如果他有自己的事業、學業要忙，有自己的家人朋友網絡，其餘的時間才會與你約會，這種男友如果分手了，至少他還保有原本的人生，也有安慰的扶持系統，雖然會難過一陣子，但大抵說來還是可以和平分開。

最麻煩的，就是沒有自己人生的男友。當你是他生活的「全部」，不就意味著，如果你跟他分手，他就要「活不下去」了？他在活不下去之前，還可能會先讓你活不下去。

我聽過一個住臺北的女性朋友說，她某任已經出社會的男友，聽到她考上臺南某大學的研究所，很高興地說：「寶貝，我已經準備辭職去找臺南的工作了，我會在你學校附近租一間房子，每天我都在家等你下課，然後做菜給你吃好不好？」還好這位朋友很理性，她一聽就覺得毛骨悚然，心想：「你放下工作，每天都無所事事在家等我回去，那我跟被人軟禁有什麼不同？」於是她趁早找個理由慢慢疏遠對方，過程中也很怕刺激到對方，還好最後有全身而退。

家庭暴力循環論

社會學家曾提出「家庭暴力循環論」（The Cycle Theory of Violence），這種恐怖情人的發生有其周而復始的循環現象。一開始往往是在生活事件中不斷累積壓力，稱為「壓力期」，當壓力累積到一定的程度，施虐者無法控制情緒與行為時，產生了所謂的「暴力發生期」。施暴後，加害人會得到部分壓力的抒解，接著對被害人有所歉意，所以會有短暫的「蜜月期」出現。但是生活壓力並未得到真正的解決，因此仍會繼續累積壓力，使得暴力過程不斷循環。

家暴循環的強度只會越來越大，這一次動手推你，下一次可能就用其他物品來傷害你。為什麼會用循環來形容呢？就是卡在「蜜月期」，加害人會用超乎常理的自虐行為來表達他最深的歉意與愛意，下跪磕頭算還好，我有位女性朋友的前男友是用燙菸疤、自殘、看精神科、吞藥等高強度行為來表示自己的悔意，而且保證「絕對不會有下一次了」。

女性受害者看到眼前這個男人痛哭流涕的樣子，往往會念在舊情，心想：「我再相信他這一次吧。」可是問題就在，你可能沒有下一次了。

女孩們，一定要記住一件事，無論什麼理由，會打女人的男人就不是好男人。

保護好自己，真正愛你的不會是別人，是你的家人。

不正經碎碎念

根據臺北市家庭暴力暨性侵害防治中心統計，「未同居」親密關係暴力案件，自二〇一六年以來，近三年成長了近七成。由於雙方未同住，「跟蹤騷擾」也成了常見的暴力迫害，施暴場所則多在各自的住處，而被害人近八成為女性。

過去「家庭暴力防治法」的保護對象僅止於現有或曾有同居關係者，後來因相關案件層出不窮，二〇一五年才修法納入未同居者，俗稱「恐怖情人條款」。相較過去僅能提出一般傷害告訴，修法後若受暴力對待，經法官裁定即可聲請保護令，讓加害方遠離住所，為人身安全添保障。

東森新聞以前有個節目《社會追緝令》，節目尾聲主持人都會講這句：「深夜問題多，平安回家最好。」談戀愛也是，什麼天長地久都是假的，平安活下來才是真的。

大齡女子的搶時間之道

女人啊
我們都曾經期待　能嫁個好丈夫
愛得一塌糊塗
也不要一個人做主
想像未來可以手牽著手的路
相信緣分的人
好像就不會那麼辛苦

親愛的
我們誰不曾盼望　有一份好歸宿
能夠直到永遠
幸福啊不會被攔阻
總有一天可以被所有人羨慕
真愛也許
只是遲到一步
——〈大齡女子〉，彭佳慧

「大齡女子」是什麼？

臺灣知名歌手彭佳慧曾在二〇一六年的金曲獎上，以《大齡女子》專輯勇奪最佳國語女歌手，助她成功得獎的〈大齡女子〉同名單曲也獲得最佳單曲製作人獎，彭佳慧用自己曾經經歷的一段，搭配溫暖而富有感情的嗓音，詮釋出許多單身女子的心聲。

所謂「大齡女子」，意思就是超過三十歲，甚至三十五歲的單身女性。這些還沒結婚，或是被認為比較難結婚的女性，一般來說完全能自力更生，而且經濟能力屬於中產階級以上甚至更好，不過這用詞多少含有貶義，甚至有一點歧視的味道。東亞地區受到過去儒家文化的影響過深，重男輕女的現象直到今天都還普遍存在。相較於韓國、日本，臺灣已經算是比較重視性別平等的社會了，可是對於超過適婚年紀的單身女性，許多人仍然會將看不見的框架加諸於上，好像這些女性做錯了什麼事般。

更早以前，還有一部家喻戶曉的偶像劇《敗犬女王》，直接稱年過三十、事業有成的單身女主角為「敗犬」，也引發許多共鳴。「敗犬」的說法來自於日本作家酒井順子，她在《敗犬的遠吠》一書中提到：「美麗又能幹的女人，只要過了三十歲還是單身而且沒有子嗣，就是一隻敗犬。」作者在書中以「負け犬」（翻成中文即「敗犬」）自嘲，認為自己好像是喪家之犬一樣，遭人排擠。

時間不等人

先澄清一點，我沒有要鼓吹女性一定要結婚，我也不認為不結婚有什麼好令人在意；把自己的生活過好才是重點，如果為了結婚而結婚，那往往才是災難的開始。只是，若你真的有心想找一個穩定交往的伴侶，又擔心老是遇到只想玩玩的渣男，我倒是有些經驗可以分享。

我相信每個人都有自己的夢幻對象，這也反映出男女在擇偶上的不同想法。一一一人力銀行曾經做過調查，女性上班族最想交往的男性職業排名，以高收入、高地位的「醫師」拔得頭籌，其次則是「金融／財務管理師」，第三名為「工程師」，第四名是「軍警／消防人員」，第五名則是「建築／室內設計師」。而六至十名依序為「廚師」、「律師」、「美髮／美容／整體造型師」、「機師」及「廣告行銷企劃」。女性選擇的主要原因在於「經濟條件穩定」、「專業性高」及「生活有情趣」。

女孩子在學生時代的交往，不用想到將來要組成家庭，也不用顧慮經濟條件，很單純，就是有帥哥最好。沒有外貌的則可以時間換取空間，每天黏來黏去、溫馨接送情，反正就是單純談戀愛。

但是隨著年紀漸長，男女在婚姻市場的條件慢慢反轉，以前青春無敵的少女慢慢在外形這塊失去優勢，換得的是更多的內涵與社會歷練。偏偏多數男生不喜歡這套，當年的嫩小弟如今事業開始有成，就像人力銀行調查的，「經濟條件」成了他擇偶的最大利器。

「婚姻斜坡」（Marriage Gradient）就是在探討這個現象。女性本能上傾向嫁給社會地位較自己高的男性，甚至是學歷、收入、身高皆高的三高男；男性則傾向娶社會地位較自己低的女性。在女性教育程度提高及經濟資源增加的情況下，男性會去找較年輕，甚至選擇跨國婚姻，去娶相對落後國家的女性，於是造成適婚年齡的未婚者中，女性較男性多的斜坡。

同樣是離過婚，甚至有小孩，男性要談下一段戀愛，跟女性相比較不會受到影響，基本上只要經濟條件夠好，男性即使到了四、五十歲，依然一尾活龍。這種「婚姻斜坡」在東亞國家特別嚴重，西方男性對於離婚女性比較不會另眼看待，他們更注重愛的直覺，東方男性則多少會考慮到社會的刻板印象、異樣眼光，反而忽略了愛情的本質。

永遠要幫自己留後路

把握時間很重要。我一直都鼓勵女學生趁年輕多交朋友、多談戀愛，除了累積「被騙」的經驗值，也能多布線幫自己留下將來發展的機會。

有些男生，年輕時剛認識也許你覺得他一般般，但人是會改變的，誰知道過個幾年會不會進化成一個好的對象？所以，請不要因為你現在的男友要你刪掉手機通訊錄裡的異性好友就乖乖照做，會這樣要求你的男生有著大男人思維，這種男生你也遲早會跟他吵架分開。

記得幫自己留一條後路，女生的時間比男生珍貴多了。

不正經碎碎念

我們都聽過一句成語：「女為悅己者容。」教育部辭典的解釋是：女人為喜歡的人裝扮自己。這種說法把女性當成是男人的從屬，彷彿女人的美是為了男人而存在，不只過時而且愚昧。愛美是人的天性，把自己打理好，是對自己負責，也是為了讓自己活得開心。

不管是整型或微整型，只要不危害到健康，都值得被讚美。但也要提醒女性朋友，天然的還是比較好，整型千萬不要過當，我看過幾個「塑膠臉」的例子，好好的女孩最後走火入魔，花錢事小，整張臉整成《蝙蝠俠》電影裡的Joker小丑，一個人活在驚悚電影的世界還不自知，我看了實在很心疼。

約會表現，決定對方看你的心態

大齡女子不用對自己失去信心，不是每個男性都喜歡年輕小妹妹的，至少我自己不是，我很多朋友也不是。

在戀愛江湖打滾久了，我們也知道，外表只是一時，個性好相處才是可長可久之道。但也因為我們「混過」，有幾個點會特別注意，女生卻容易忽略或視為理所當然，這就會讓你失去很多好的機會。

約會要注意的眉角

網路上很常被討論的話題就是，兩人出去約會，到底誰該付錢？PTT上，仇女的母豬教徒會回答一定是各付各的，順便酸一下女生平常都講女權主義，付錢時卻只想著要男生付。這種各付各的在英文稱為「Go Dutch」，現在則有一個更流行的名詞「AA制」（平均分擔）。AA制是不是外來語，來源至今也不可考，維基百科上有三種英文縮寫的可能解釋，「Arithmetic Average」、「All Average」或「Acting Appointment」，意思都是按人頭平均分擔帳單。

對於AA制，我自己的經驗是，結帳時我會禮貌上說我要出錢，不過我這時會看對方的反應，如果對方一副理所當然該男生付的態度，我就會在心裡跟她說掰掰了。相反地，如果女生堅持要各付各的，甚至連錢包都掏出來了，其實就是在展現這女孩的教養，不論最後究竟是各付各還是都給我付，我對這女生一定留下一個很好的印象。

男生被「揁盤仔」的感受

因為聯誼次數多到數不清，我常常有不悅的感受。舉個例子，有次某學長要介紹三個女生給我和另外兩個男生認識，說好一起吃晚餐，學長應該有先跟女方說男生會請客，我們事前也有答應，畢竟第一次見面，男生出錢也算是個禮貌。結果我們到了餐廳，看到桌上滿滿擺了應該有十幾道菜吧，我心裡一愣，想說是有那麼會吃嗎?!入座後女生非常大方地邀請男生快趁熱吃，又接著說後面還有菜要上，先把桌上這些剩的吃完，要請服務生來收。當我忙著撿人家吃剩的菜尾時，又看到一道道的大菜上桌，我對面的「女主人」這時大概是真的吃很飽了，每道菜都只沾個幾口嚐個味道，當然，上等紅酒也要一瓶一瓶開來配著喝。

說實在的，如果真的吃得完，我也不怕出這錢。我在意的是那三位女生擺明就是來「損盤仔」（臺語，盤仔音「潘那」，意指凱子或肥羊。損盤仔意為敲竹槓），仗著是吃免費的，就把菜單上每道菜都點來嚐嚐。都出社會這麼久了，還學不會對人體諒，吃完這餐我們男生也沒再去聯絡，就當被損一次吧。

不過，類似的晚餐聯誼，我也遇過截然不同的情況，事前已跟對方講好這餐由男生買單，結果點餐時，女生都點最簡單的義大利麵跟燉飯。明明菜單第一頁就有單價貴三倍的牛排加大明蝦，可是沒有人去點，她們的態度很清楚：正因為是人家付的錢，所以更要懂得珍惜；如果要吃昂貴的大餐，她們改天再花自己的錢。一樣都是男生付錢，我就覺得認識這些新朋友真值得。

英國知名兩性作家、暢銷書《Get the Guy——男人完全解密，讓妳喜歡的他愛上妳！》作者馬修・赫西（Matthew Hussey）曾在一場演講中被問到這個爭論多年的老問題，他回答，如果女生認為男生理所當然該付錢，那任何時候男生要求發生性行為，女生也都該答應，否則就是雙重標準。他強調，男生在乎的只是女生是否有「嘗試」要自己付錢，如果一個女生不曾試著自己付錢，男生就會感覺被利用。

錢不是重點，心意才是最重要的。

你的表現，決定對方看你的心態

如果女生都擺明約會出遊就是要男生出錢，甚至認為「這種錢都出不起，連浪費時間約會都不必」，那男生也不是真的不能付錢，只是「目的」會稍微有所不同。

我確實有朋友會請女生吃大餐，住高級五星飯店的也有，甚至直接帶去海島國家旅行，女生會開心地在臉書或IG打卡，炫耀吃了多貴的大餐或住了多高級的度假飯店。喔，但這裡有個重點，女生上傳的照片只會有她自己一人。為什麼呢？因為男女方都各懷鬼胎，女生不讓男生入鏡，因為她要保持單身形象，下次才能換其他追求者來出錢；男生則可能更不想入鏡，因為他正在「援助交際」啊。聽不懂？就是買春出遊，如此而已。

至於為什麼要去海島國家，特別是東南亞？因為美洲、歐洲太貴，旅行時間又太久，那是給真愛或蜜月旅行去的。日本、韓國雖然近，可是要安排逛街行程，飯店住到五星級又超貴；搭地鐵自由行能省錢，但太辛苦，那是給情侶去的。援助交際目的只有一個，印尼、泰國、越南、菲律賓等東南亞國家，不但四季如夏，要找到便宜又有無邊際泳池的五星級度假飯店也非常容易，可以用最少的錢、最短的時間，滿足男性的肉體需求。這就是當你擺出什麼都要男生出錢、「老娘跟你出遊是你賺到」的態度時，你所能得到的。

看看臺北東區的ＫＴＶ，為什麼有的旁邊會開二十四小時營業的旅行社？因為唱歌、聯誼、搞曖昧、認識了新朋友，可以直接下樓帶去買出國旅遊行程，是不是很有效率呢？但，想認真戀愛的大齡女子，我想這絕不會是你想要的感情。

愛情就像投資，停損點就該認賠殺出

大齡女子畢竟不像年輕小妹妹，沒有太多嘗試失敗戀情的機會。

你一定要把交往看成是一場投資。不過，就像廣告詞裡說的：「投資一定有風險，基

金投資有賺有賠，申購前應詳閱公開說明書。」一旦發現投資標的錯誤，時間到了，該斷就要斷。

至於如何快快決定停損點出場呢？

個人建議，旅行是個很好的考驗，特別是出國自由行。出國一趟至少三、四天起跳，雙方從事前的行程規劃、飯店挑選，都是溝通的關卡，特別是到了國外，兩個人要連續相處好幾天，可能還要同房，大概好的壞的生活習慣都會攤在對方眼前，連卸妝後的原形也得畢露。

有人出國是行程緊湊、按表操課，也有人喜歡睡到自然醒，放空享受。基本上，能多天膩在一起還不吵架，那大概是適合的。第一次也許還在熱戀期，如果出國第二次每天都還甜蜜蜜，差不多就是天注定了。

相反地，如果你跟對方出國，每趟必吵，逢場玩玩可以，若要考慮共組家庭，拜託不要浪費彼此時間，下一個會更好。

男孩們，走出網路酸民世界吧！

平常有在上網的人應該會發現，有些網路社群如ＰＴＴ八卦版的某些熱門留言串或討論區裡，網友特別愛酸（挖苦）女性、同志等族群。一般我們都稱這些酸民為「母豬教」。根據維基百科的整理，許多鄉民認為「母豬」是專指男女關係裡存在偏差行為的女性，這些「行為不檢的女性」包括拜金女、裝清純等，因此該詞彙並非泛指所有女性。除此之外，還發展出「ㄈㄈ尺」（CCR, Cross Country Romance，跨國戀情）、「女權自助餐」、「公主病」等網路流行用語，也都是用來指涉女性的某些行為，其中有滿滿的貶抑跟嘲諷意味。

因為網路的高度匿名性，ＰＴＴ更是連照片或個人基本資料都查不到，網友罵起來也就更加犀利、不留情面。不用說，會講這些話的當然都是男性沙文主義思想，要稱他們為「沙豬」也行，但這裡我沒有要討論學理（畢竟我不是性別專家），我要聊的，是這「母豬教」現象形成的原因。

跟著BBS一起長大的年代

其實，換個角度想，酸民反映的是他們內心真實的想法，只是平常不便公開講出來，連對親近的女性友人或家人也不敢講。不敢講出來不代表沒有這麼想，於是匿名的PTT就成了一個最好的發洩管道。

不瞞各位，我就是跟著PTT長大的。這種BBS電子布告欄系統（Bulletin Board System），最早大概是在我二十年前念大學時開始流行的。在那個沒有智慧型手機的年代，連寬頻網路都不太普及，經濟好一點的家庭頂多只有撥接系統，不但網速極慢，常上網的話每個月的撥接費用甚至要新臺幣數千元。在我大學時代，如果能抽到學校宿舍，除了住宿費便宜，更爽的是網路免費！而且是無限上網！我記得我大一時，家裡幫我出三萬元買了一臺學長幫我拼裝的桌上型電腦，接下來的好幾年，在擁擠的沒冷氣的六人宿舍生活裡，這臺電腦幾乎就是我的人生。少部分時間我用它寫報告、看電視，其他的大部分時間，我就用它來上BBS。

那時各校都有自己的BBS系統，上面會有班版、系版、社團版，大概公告的資訊都能在電子公告欄取得，這也是我們使用BBS最主要的目的。隨著使用者需求越來越多，各種專業版就會跟著開啟，比如逛街、美妝、3C、動漫、運動、歌手、租屋、家教、二手車等，族繁不及備載。反正只要是大學生關心的資訊，基本上都找得到。

BBS上的仇女情結何來？

BBS還有個厲害的地方，就是誰上線你都看得到，雖然大家都化名成英文ID，但大家會在旁邊取個中文的動態暱稱，例如我曾取過「ICH（哭泣雪鐵龍）」，意思是我開了一輛載不到女生的二手車。看暱稱大概就能猜到這ID是男是女，然後我們就可以在站上發訊息，對方也可以回覆，很像現在的臉書私訊功能，只是以前沒有照片可看，也沒辦法傳圖片。也因為這樣，約網友初見面時，雙方都必須說自己會穿什麼顏色的衣服，帶什麼樣的包包，幾點幾分約在臺大對面的新生南路麥當勞門口之類的。

「遇到恐龍」這用詞就是這時候開始流行的，不管男方或女方，有些會先躲在附近或請朋友先去查看，這位在網路上可能已經以老公、老婆互稱，卻未曾謀面的網友，如果跟想像中差太多，最缺德的做法就是當機立斷，落跑為上策，回到家第一件事就是刪掉對方好友，然後從此當作沒這回事。

比較有良心的，就是裝一下，跟對方去麥當勞喝杯可樂，硬撐個三十分鐘說臨時有事，藉故匆匆閃去，回家一樣刪好友，或者不刪但就再也不聊天或給約。

我們現在所稱的「批踢踢」，當年只是臺大的一個BBS系統，只是因為它的版面設計比較好，而且開放性高，別校學生也可以註冊ID，所以使用者多，流量也大。這也意味著要在上面搭訕女生，或被男生搭訕的機率較高，因此大學畢業後，以我自己為例，師大的BBS我就漸漸不再使用，但每天或隔幾天仍然會登入PTT看資訊或認識異性朋友。直到現在，我還是會常上去看論壇留言（認識異性現在不用靠這了）。

寫這些就是要告訴大家，這些所謂的網路鄉民，很多其實跟我有類似的背景，主要是男性，三十到四十幾歲為主力；大學以上的學歷，多數是白領工作，理工科比例較高，生活範圍在北部都會區或新竹科學園區。尤其在流量最大的八卦版或政黑版，特別明顯。

也就是說，我原本也應該是母豬教的一分子，跟著仇女或厭女。但我先一步走出來了，可惜我當年的戰友們，有些還停留在網路虛擬世界取暖，如此而已。

公主病，是誰捧出來的？

仇女的根源，是對自己在現實生活與異性交往的無能感到自卑，最後只能躲在完全匿名的虛擬世界裡自我發洩和取暖。我就是過來人。

純愛漫畫看太多，變情緒勒索

我高中是念男校新竹高中，那時對於和異性交往的想像，多來自日劇或日本純愛漫畫。大抵就是「無條件」對心儀女性付出，每天每夜的「守候」，噓寒問暖送早餐送晚餐，家裡、學校、工作地點全程接送，情書、簡訊不間斷，持續幾個月後，約到四下無人的頂樓或公園，向對方說：「跟我交往吧！」

大一時，我真的採取了這套純愛漫畫公式，明明人家不喜歡我，還為了顧慮我的感受，不忍心把話說死，但我偏偏執著於「弱水三千，我只取一瓢飲」。再加上旁人敲邊鼓，要我努力抱得美人歸，就這樣忙了一整年，每天把自己搞得心神不寧、自怨自艾，結果女生跟學長交往，我還不爽學長橫刀奪愛：「明明學長沒有我對她好，而且有很多女性朋友，為什麼還要做這種事?!」

當年也真夠幼稚的。如果有時光機，我很想回到大一那年，狠狠地打醒自己：「蠢蛋，你怎麼這麼自私！」

純愛少年郎沒有想到自己的「無條件付出」，其實是「情緒勒索」；事實上那也不是真正的無條件，而是在要求女生「以身相許」，是自私且自以為是的。當年的我，從沒想過女生的感受，憑什麼你對人家好，對方就要跟你交往？如果角色對調，我肯定也會打槍當年的自己。

更可悲的是，我還嫉妒學長「不過是年紀大我幾歲，也只會把學妹」。不反省自己，只會一味批評，這種酸葡萄心態，不就跟今天鄉民在酸「ㄈㄈ尺」或富二代拜金女很像嗎？

「因為是外國人／小開富二代，你們這些哈洋妹／拜金女就貼上去」……所以呢？那些女孩為什麼要去貼你這隻只會在網路上酸言酸語的魯蛇？

你到底憑哪一點要女生喜歡你？你很帥、你夠高？如果你真是高富帥，那我想你也不需要加入什麼母豬教，已經是在網路上被鄉民酸的人生勝利組了。

公主病是誰捧出來的？

這些「網路勇者」找不到對象也不好好提升自己，偏偏還是想跟女性約會。但，人家女生就算只有六十分，也想找個八十分以上的男性啊！要她們勉強自己跟遜咖約會的結果，就是擺出高高在上的姿態，像個女王一樣頤指氣使，有時甚至像在使喚一隻狗。我聽過的案例，有的已到了無理取鬧的程度（也難怪鄉民會那麼討厭有「公主病」、「女王病」的女性）。

仔細想想，這不都是母豬教徒自己造的孽嗎？敢做就要敢當，公主是你養出來的，狗也是你自己要當的，怎麼最後只敢匿名、躲到網路上去批評別人呢？

有時候我會上Mobile 01網路論壇了解最新的3C資訊，我特別愛逛相機版，每次看到網友在熱烈討論新上市的鏡頭或相機，就心癢癢想「敗」一組回家。這時，總會看到有些網友說要等存夠錢才能買，或過一陣子降價了再買，這些理由都合理。

我最不能接受的，是有些人會說「要回家請示『女王』」，接著哀怨地說女王會認為買新鏡頭是浪費錢。也就是明明收入還可以支應，可是錢的動用卻要女友或老婆同意。

我不是要鼓勵浪費，但，錢是你自己辛苦賺來的，你也不是拿去吸毒、嫖妓、上酒店，卻連買個自己注意很久的商品都要回家「請示」……好吧，你說你願意疼老婆，那就記住，不要當兩面人，別當母豬教徒，在網路上批評別人家的女人！

好聚好散，才是成熟的男人

曾經有一則新聞是網紅空姐妻偷吃攝影師，丈夫花費百萬取得偷吃的對話紀錄和影片，並公布在臉書社團「爆料公社」上，引起軒然大波。一般來說，大家會先同情被劈腿的一方，畢竟兩人已結婚四年，還育有一子，先入為主去批判偷吃的一方是人之常情。但那位先生將始末公開在網路上，被戴綠帽氣歸氣，我還是不認同他用這種方式去霸凌一名女性。

對曾經相愛的伴侶，用這種幾近摧毀對方的爆料方式報復，我看不下去。感情這種事只有當事人心知肚明，不是找不相干的外人來討拍洩憤就能解決的，事後女方也加以反擊，兩方網友壁壘分明、互相指責，這要夾在中間、年幼無辜的孩子情何以堪？

我想最好的解方，還是和平理性地離婚，照顧好孩子，然後，迎接新的人生。

勇敢承擔，這是從男孩成長為男人，該有的態度。

打造型男靠自己（品味不是用錢堆砌的！）

三十年前，葉啟田的〈愛拚才會贏〉這首歌紅遍全臺灣，歌詞裡面那句「三分天注定，七分靠打拚」，用在跟女孩的交往上，完全適用。隨著網路用語的普及，「高富帥」變成一種女性理想對象的指標，如果不能兼具，那也至少擇一。

所謂「高富帥」，顧名思義，就是身材高大、富有、帥氣的男性，別說是女性嚮往的對象，就連男性也都視之為嫉妒的對象、努力的目標啊！

從高中到研究所的
宅男進化史

帥哥是先天，型男靠後天

老實講，高、富、帥裡面，真能有其一或其二，也夠你在市場上揮霍了。但是，天往往不從人願，我相信絕大多數男性，至少我本人及我的多數朋友，三者皆缺。所以我們才需要靠一生的打拚，求得男女交往市場的立足點，這也是我今天會在書裡跟大家分享的原因。

如果你真的夠富，富到小開或富二代等級，出門有超跑、回家住豪宅，那外表、口條真的都不需要。前提是，你前世有好好燒香拜佛。至於高與帥，抱歉，這也是天生、不可逆的。

但是，**各位男孩，「型男」是可以後天養成的。**

這個社會對女性很嚴格，對男性反而相對包容。舉個例子來說，一個ＢＭＩ值嚴重超標的肥肚男，只要穿得有型、談吐幽默（最好再有點小錢），一樣可以受女孩子歡迎。但如果同樣的情況，發生在女孩身上呢？即便她善解人意、體貼大方，殘酷的是，多數男生都心知肚明：當普通朋友可以，但要交往，可能就謝謝再聯絡。

不瞞各位，我以前是很自卑的，因為身高不高，身材也瘦，臉上還常長痘痘，尤其我那天生沙啞的嗓音，每次開口，我最怕女生問你聲音怎麼那麼沙啞？（其實意思就是難聽。）以前還會掰個理由說是感冒，後來就索性自嘲是高中時吞炭造成的。其實我很羨慕有些男生天生有好聽的嗓音，就算不要求到溫暖、有磁性，至少也該「正常」吧?!但人生就是這樣，必須誠實面對自己的缺點，能改當然要改，至於身高、長相、嗓音這方面天生的遺憾，就只能靠後天努力來補足了。

「型男」，完整名稱為「都會美型男」（Metrosexual），這個詞最早出自英國記者馬克・辛普森（Mark Simpson）在一九九四年十一月十五日發表於《獨立報》的一篇文章，指的是「擁有強烈的美感觸覺，並會花大量時間、金錢在其外表及生活方式上的都市男性」。百度百科上，對型男的解釋是：「新一代魅力的男生，對個人的生活品位和當今潮流品牌認知的追求不亞於女生。型男最重要的是內在涵養，曉得生命中追求的是什麼。」或者，我乾脆用臺灣男性時尚雜誌《GQ》的定義：「有型有款，識見不凡。」

簡單來說，所謂型男，就是內外兼具：重視自己的外表，從頭到腳打理自己，包括髮型、臉部保養，到衣著穿搭，總之就是讓自己看起來乾淨、舒服。另外，還要有專業、有學識，肯吸收新知、談吐有內容。這樣的男性，自然散發出自信迷人的風采。

品味，不是用錢堆砌的

一定有酸民又會說，只看外貌就是膚淺，名車、名錶、名牌西裝還不都是錢，這樣花大錢打扮，最後還不是用錢去吸引那些拜金女？

如果你還是這樣想，那我也只能祝福你繼續躲在網路舒適圈，繼續自卑，然後繼續仇女了。

花大錢卻不懂品味，那叫土豪；有品味但不花大錢，那才是風格。

回想大一的我，那時就是一根瘦排骨，穿著自以為帥的大喇叭褲，配上合身的花襯衫，再抓一頭噴滿髮膠的刺蝟頭。每天不讀書，只想著要在BBS上跟女網友聊天，再自以為深情地「守候」心儀女孩，像個活殭屍般不思進取。更白痴的是，晚上還跟其他學長去KTV學喝酒，喝到醉，然後痛哭說為什麼她不愛我……

當時有學長勸我要看開一點，也有在看笑話的，反正現在看來就是一場鬧劇。這鬧劇一直到我甘願死心以後，才開始有了新的劇本。也還好後來有想通，現在才能寫寫我的少男成長史給男孩們。

總之，大二開始，我每天練健身，雖然當時心裡想的是，哪天如果要跟追走我心儀女孩的學長打架，至少不要輸得太難看。後來，隨著重心轉移，我開始走進熱舞社、吉他社去認識新朋友，也利用空檔，去餐廳打工、學技能。到了大三，我還發憤圖強去報名補習班，在大四那年順利考上政大的東亞研究所，總算是內外有好好修行，也奠定了我後來與異性交往（用白話來講，就是把妹）的基礎。

婚姻市場理論

關於擇偶或交往，社會學有個「婚姻市場」（Marriage Market）理論。你就把交往想成是在市場交易，這個市場裡，有買方（需求者）和賣方（供給者），而擇偶的過程，就是在一個男女同時扮演供給者與需求者的角色，而且依雙方偏好去互選、配對的環境中進行的。

以往婚姻靠媒妁之言做婚配決定，雙方家族的社經地位強調「門當戶對」。現在是自由戀愛，家族的「門當戶對」則轉化成個人條件。在這個志願性的市場裡，說穿了，就是各憑本事。擁有越多條件（包括金錢財物、社會地位、外貌身材、聰明才智、家庭背景等）的人，選擇自然越多；條件差的，就只能挑人家買剩的，或者連買都買不到。

就跟女生期待遇到「高富帥」一樣，男生也夢想能和「白富美」交往，大家都希望可以遇到條件絕好的對象。可是現實問題在於，你就是不高、不富也不帥，好高騖遠的結果，只會一事無成，最後又躲回網路仇女世界。

男孩們，先衡量自己的條件吧。一方面提升自己的各種能力，一方面也從聯誼或交友網站著手，從約會開始練習，找出適合自己的路線很重要。

每個優秀的棒球員都能找到適合自己的守備位置，關鍵在於你用不用心、努不努力罷了。

不正經碎碎念

男生耍帥有很多招，可以風流倜儻，可以玉樹臨風，只要不製造噪音就好。摩托車原廠就很帥了，拜託不要去改那吵得要死的排氣管，路人看你不是覺得你帥，是看你俗。要開跑車、自以為在演《頭文字D》也很好，拜託不要故意慢慢開在人擠人的西門町繞圈圈，也不要刻意停在信義區的夜店門口，刷存在感不要用這麼low的方式。

當然啦，還是有女生喜歡這類俗咖，雖說物以類聚，但總覺得這樣的正妹，可惜了。

約會怎麼約？同志是把妹的助攻手？

跟女生約會是要做功課的。

這功課不是一昧花大錢、訂高級餐廳，這種凱子行程約個兩、三次，不光你的口袋撐不住，每次都要女生花兩小時跟你一對一吃大餐，她也會膩。

約會最基本的，就是要有趣。

約會要有「哏」

要約剛認識的女孩，你會用什麼方式？

最普通的，大概就是去看電影了。我不是說看電影不好，但第一次約會就去電影院，意味著不熟的兩人「沒什麼話好講」。看電影的兩個小時內，半句話都不用講，看完找間咖啡廳簡單聊聊劇情，然後就送女生回家。

這樣的約會很容易達成，但也是最不用心的。如果你很帥，這招可以，但我們都不帥，所以這招只能用一次，而且不能是第一次（否則就不會有第二次了）。

男生平常就要多吸收新知，而且一定要有哏。

約去熱門的演唱會，很讚，那超嗨的氣氛可以化解剛開始約會的尷尬，讓彼此更有話聊。約去看特別的展覽，藝術、設計、歷史、動漫都可以，特別是你有興趣的，你可以帶著女生體驗新的感受。約到戶外看風景、古蹟也好，只要不是車程太久、開到迷路，或夏天晒到太熱、冬天風吹太冷，注意到這些細節，加上你的精彩介紹，這也會是一場好約會。

只要不是一成不變的行程，相信女生都願意跟你約下一次的。每次都進步一點，自然熟能生巧，雖然不敢保證成為把妹達人，但至少不用繼續當宅男。

好啦，我承認，還在念大學時，我有個好朋友就教過我這些，他甚至不辭辛勞帶我去走這些景點，遠到基隆、北海岸、東北角我都練習過。好啦，我再承認，也順便讓女孩們了解一件事：當你崇拜某個男生什麼有趣的景點、餐廳都知道，其實就是代表他已經帶過不同的女孩去，一回生二回熟，如此而已。

不要罵我奸巧，我講的是肺腑之言。

不高、不富、不帥的我們，努力練習就能彌補很多先天上的不足。「古意」很好，但是呆過頭，就對不起跟你約會的女生了。我聽過一個比較扯的案例，親友介紹相親，這位老實男連餐廳也沒訂（或者他根本不知道要訂餐廳），到了約會當天，餐廳不是客滿，就是現場要排很久的隊，最後只剩百貨公司的美食街可吃。第一次見面就在吵鬧的環境，可想而知，他們也沒有下一次約會了。

Gay是你把妹的好朋友

男孩們，除了練習再練習，可以的話，多去認識生活周遭的男同志朋友吧。在你們還不懂事的時候，你們有些無能的「前輩」會在ＰＴＴ跟著母豬教徒仇女或厭同，厭同者最常用來酸男同志的詞就是「甲甲」（「Gay」的網路負面用語）。原本我也不知道同志到底哪裡得罪了這些厭同者，他們因為現實生活被打槍打到自卑而仇女，這我懂，但同志又沒打他們槍，幹麼也討厭？

後來我就懂了，因為嫉妒。這些異性戀宅男打不進女孩的生活圈，只能眼巴巴看著男同志跟他們心儀的女生成為好姐妹、好閨密，一同出遊，還一同分享生活。同樣身為男性，羨慕的心情只能用歧視來包裝，透過嘲笑同志的同性性行為，來掩蓋自身約不到妹的自卑感，意思大概是：我才不屑跟女生當姐妹淘呢，那麼娘、那麼「CC」（衍生自英文的「Sissy」，指氣質、行為、裝扮女性化的同志）！

不要笨了。記住，男同志絕對是你把妹的好朋友。

前面都講了，很多女生的閨密就是男同志。Gay又不會跟你搶市場，你今天好好跟他們交朋友，他們的女性朋友，將來也會是你的朋友。更何況姐妹淘從來都是一大群的，母豬教徒怎麼呆到沒想到這點？

再來，如果要當型男，除了多看雜誌、多上網自學，男同志根本就是現成的時尚顧問。我自己的經驗是，我的異男朋友們普遍不愛逛街，吃飯也都隨便在海產攤或簡餐店打發，雖然是好朋友，但在成為型男這塊，他們幫不了我。

相反地，我認識的男同志都很愛美，愛美才懂得打扮。我很喜歡跟同志朋友逛街、吃飯，他們能帶領我開眼界，讓我變得更有品味、更有Style，也更能找到自己的優點。

當不成Gay沒關係，要當受人歡迎的型男，就要學會當「直同志」。意思就是認同同志、對同志友善、顛覆性別霸權位置的異性戀者。

男孩們，當你學會打扮自己、懂得品味、講話開始有內容，也有了約會的基本功，隨著一次又一次的練習，你的交往對象也會開始增多。恭喜你，這時相信你已能從中找到適合自己的對象。

不正經碎碎念

愛美從來就不是女生的專利，男生也一樣要注重外形，而且這是一輩子的事。

我在學生時代就很悶騷，短髮時，出門一定用髮膠拚命抓；頭髮留長後，也是又離子燙，又染又護的，甚至騷到去打耳洞、戴耳環，反正就是亂摸索、亂嘗試。現在就很注重保養了。每天早、晚洗臉後，化妝水、精華液、乳霜、凝露這些都是基本，每週還要去角質、敷面膜。每個月接受日晒，補勻古銅膚色；甚至到醫美診所打玻尿酸，填平法令紋。氣味也很重要，把自己打理好，保持清新乾淨的氣息，桃花運自然就能朵朵開。

PART 2

聯誼、交友，全是正經事

別讓聯誼成為「尬聊」災難

記得有一次，《新聞挖挖哇》的製作單位打電話給我，錄影主題是跟約會相親有關，可能製作單位怕我沒什麼經驗，很客氣地問我：「黃老師，我們明天要聊一些男女生聯誼的現象，你沒去過沒關係，可以從公民老師的角度來幫我們評論。」

當時我悠悠地回答：「沒關係，我可以從當事人的角度來講，我起碼聯誼過一百次吧！不，應該不止，真的要算，我自己也數不清幾次了。」結果企劃很訝異，說：「怎麼可能？黃老師你這麼帥，還需要去聯誼？」

以上對話純屬事實，我沒有要往臉上貼金的意思。你現在看到的我，真的是歷經滄桑、一路爬上來的較好狀態。就像我在本書裡一再強調的，我原本也就是一個宅宅小魯蛇，但我在男女交往上就像考試一樣，很努力地學習改進。這上百次的聯誼，也讓我學到很多書上不會教的人生哲學。

抽學伴初體驗

對一個剛閉關苦讀完，經歷高三學測、指考（我那個年代叫聯考），剛上大學的新鮮人來說，聯誼，可能是大一、大二最重要的事了。相信念過大學的朋友多多少少都有聽過，上大學就是要抽學伴。

所謂「學伴」，美其名是學習的夥伴，實際上就是要聯誼啦！通常是男生比率高的校系跟女生比率高的校系抽學伴，越熱門的系，抽學伴的合作校系就會越多。什麼叫做熱門科系呢？以女生校系來說，師大、師院（現在改名教育大學），或者護理科系就很熱門，這當然跟社會刻板印象有關，男生總覺得未來對象是老師或護理師就很能持家。至於男生校系，醫學系一定是首選，臺、清、交大的理工、電機也都是熱門，這也跟未來就業有關。不過有趣的是，體育系男生其實才是最最熱門，畢竟才大一、大二，先認識高帥壯的，比較顧眼睛啦。

學伴通常是一個男生對一個女生，但為了確保選擇的多元性，比較積極的公關（一

大一頂著土樣
參加迎新露營的我

般也是找開朗、幽默、外形不差的）會辦班與班規格的踏青聯誼。大學生嘛，包遊覽車出遊多傷本啊，最好就是男生準備機車，一香車配一美人，機動性又強，夜遊到半夜也不用擔心沒公車、沒捷運。至於誰載誰，哪個男生不想載學伴裡最漂亮的？為了不要一開始就傷害彼此感情，就有了「抽鑰匙」的傳統。

除了學伴，以前還有學長教過我「寢室聯誼」，簡稱「寢聯」。大學的學生宿舍都有電話分機，我們偶爾會直接亂打室內分機（當然大約知道那一寢是什麼系的），然後跟對方寢室的女生說要聯誼。也曾誇張到打到別的學校的女生宿舍，亂編一套理由，說要找某某某，想當然耳是沒有這個人，接著就順勢聊起來，最後再說可以約附近的餐廳吃飯、聯誼。

看到這，你一定覺得很瞎，我自己現在回想都覺得瞎了，怎麼會有人這麼不要臉硬拗啊！可是，如果沒試過，又怎知不會成功？我們光用這套話術，應該辦了數十次聯誼跑不掉喔。

別讓聯誼淪為「尬聊」災難

聯誼是一門很值得投資的課程。特別是像我這種整整念了三年和尚高中的宅男，它教會我如何開始與異性朋友聊天。即便現在已經是社群網路私訊聊天無限吃到飽的年代，要在現實生活中好好面對異性，而不是只見過一次面就謝謝再聯絡，那真的要從基礎開始練習起。

要在第一次就給女生留下好印象，外表當然很重要。也不是要多帥，但是基本的打扮要有，如果穿得邋裡邋遢，鬆垮垮的T恤配一雙髒兮兮的球鞋（涼鞋一樣糟），這根本就是視覺霸凌了。

聯誼，男生一定要主動找話題。相信很多女孩都有類似的經驗，第一次跟聯誼對象見面時，男生的談話都讓人覺得時間很漫長，畢竟不是熟悉的朋友。一開始一定是從彼此為什麼會約出來著手，可以聊學業、聊事業，或聊最近發生的有趣新鮮事都好，總之要臨機應變，重點是不能冷場。如果女生開始滑手機，那意思就很明顯了。

至於話題怎麼找，這就跟男生的內涵有關了，平時就要多讀各類型的書，關心新聞時事，掌握趨勢和流行話題；旅遊、美食資訊平常也要多觀察，這些都是你可以拿來當場發揮的。如果平常都宅在家上網、打電動，跟現實世界太脫節，聯誼前才想來個臨時抱佛腳，就會像特地去背幾個網路笑話來秀，告訴你，那真的不好笑。

還有一點，千萬不要去問女生的隱私。有些男生找不到話題，就往人家的隱私探，像是：「你身高幾公分？」「你住哪裡？」「家裡幾個人？」「你一個月賺多少？」……拜託別這樣，我聽過很多女生朋友跟我抱怨，她們內心是滿滿的問號：「先生，我跟你很熟嗎？」白眼都快要翻到頭頂去了。

不正經碎碎念

這個社會對男性是相當寬容的。外形不優、學歷不優、收入不優都沒關係，只要你幽默風趣、談吐得宜，最好還能展現專業自信的一面，女生一般都會願意跟你繼續交朋友的。這不是要你去炫耀自己多會，也不是要你掉書袋、賣學問，重點是要拿出最自然、真誠的態度。

就把聯誼想像成投籃練習吧，一開始當然會投不準，可是等到你肌力、耐力都增強了，一天三百顆三分球的練習，有天你也會成為神射手！

聯誼，讓人學會勇敢與謙卑

聯誼不是只發生在學生時代，出社會後，更需要聯誼。

在求學階段，就算你不抽學伴、不約寢聯，至少還有同學、學姐、學妹可以認識（校園真是無憂無慮的青春桃花源啊）。工作後，每天光應付繁瑣的雜事就夠累了，更別說還得時常額外加班，交友圈頓時只剩同公司的同事們。除非你從事的是大眾傳播、新聞、廣告、設計、藝術這類的工作，否則，像我那些男性朋友的工作場域，最多的就是電子科技業，再來是公務員、老師這些，要找到年齡相仿的適合對象，老實講，如果那麼容易就能遇到，那我跟我的朋友們也不用繼續聯誼人生了。

「快速聯誼」是什麼？

從我自身經驗出發，我是高中老師，工作時間穩定，可是從女性的角度來看，我連前十名都沾不上邊。我的收入不高，生活又不算有情趣，在市場上本來就很冷門。雖然我周遭有很多男性心中最夢幻職業的女老師，偏偏我自己反骨，如果可以選擇，我最不希望的就是跟老師交往。不是女老師不好，而是我想要拓展不同的視野，兩人在同樣的生活圈，會讓我變得狹隘，所以我只能開始逆境求生。

上班族的聯誼，因為假日時間有限，現在都有相應的婚友社服務。市面上的聯誼機構，我大概能報名的都走過一遍了。

婚友社機構主要分成兩大類，一類是走會員制，就是男生要繳新臺幣幾千到幾萬元的年費，當然是繳越多、享有的尊榮越多；最高等級的金卡會員，保證一年內每個月都幫你安排一場或兩場一對一聯誼。聯誼場所可以是婚友社，也可以是外面挑選的餐廳。至於女生，只要繳基本的入會費，甚至不需要費用——這很現實地就是看長相條件，美貌真的夠水準的，甚至可以兼當槍手，去聯誼還有車馬費可拿。總之，婚友社會從資料庫裡挑選、配對，面對面聯誼後，就看雙方各自造化，不保證一定有結果。

另一類則是非會員制。只要上網報名、繳交餐費（新臺幣幾百元不等），就能在約定的時間、地點參加，人數可能是二十個男生對二十個女生（視報名情況而定）；男、女生都是每三人一組，每組聊天時間二十分鐘。時間到了以後，女生不動，男生換桌。聊天內容不拘，反正會確保你跟二十個女生都有見到面。最後還會投票，選出當天的男、女人氣王。當然，如果你投的女生，剛好也把她的票投給你，那恭喜你，就是「配對成功獎」。當天沒配對成功也無所謂，反正都會留下參加者的聯絡方式，通常是E-mail或LINE ID，後續也是各自發展、各自努力。

這類的快速聯誼，有時會出現一些怪咖男生，大家在面對面聊天時心不在焉，只忙著跟女生要電話號碼、要LINE，回家後才對每個女生瘋狂傳訊。這種來亂的，被封鎖也是剛好。

聯誼，讓人學會勇敢與謙卑

這裡我要分享一下個人經驗，**參加快速聯誼，真的要找伴同行**。一個人去參加桌對桌聯誼，尤其是女孩子，雖然我會覺得你很有勇氣，但畢竟一次要面對幾十個陌生男性，除非抗壓性很強，或真的很獨立，不然我還是強烈建議要找個伴一起。有女性朋友互相作陪，一方面你比較不會緊張，一方面聊天的氣氛、話題也會熱絡很多。

還有一點要提醒男孩們。男生真的是視覺動物，以貌取人的情況很嚴重，我常常看到全桌男生都圍著特定一、兩個比較正的女生聊天，雖然這是人之常情，可是在這種場合，麻煩發揮君子風度，顧慮一下其他女生的感受。除非你自己也是高富帥等級，不然真的要學會放長線釣大魚，反正最正的也看不上你，那些一時被忽略的女孩，反而可能個性、內涵更好。你好好跟她當朋友，傻子，你怎麼知道她就沒有其他女性朋友可以介紹呢？

雖說每個人都有追求幸福的權利，但是，自古以來，權利從來不會從天而降，它還是必須用心、用力去爭取。談戀愛也是，不可能每天在家坐著，理想對象就自動送上門來。

勇敢地走出去吧！別奢望聯誼個一、兩次就能找到對象，婚姻市場的競爭也許殘酷，但面對現實，學會看待每個值得尊敬的聯誼夥伴，人生體悟鐵定比書上寫的還要精彩。

相信我，你可以看到不一樣的世界。

聯誼，是讓人學會勇敢與謙卑的一課。

不正經碎碎念

講到聯誼，我可是「永遠的零」。會鼓起勇氣參加快速聯誼的女生，基本上都是為了結婚或認真交往，我看起來就像個痞子，講話也不誠懇，憑良心講，在市場上實在不吃香。別說人氣王了，從來沒有女生會把票投給我，始終保持零配對紀錄。但我從不放棄，單身時一樣每個月揪朋友去參加，一場接一場。雖然辛苦，也可能沒結果，但這就是我的人生哲學：永遠不要說放棄，總有一天等到你。

夜店教會我的事——社交聯誼的競技場

講到夜店和KTV，你第一個會想到什麼？國人長期以來，對夜生活、夜店有著負面的觀感，如果只從新聞媒體來看，你大概會留下「辣妹」、「混亂」、「打架」、「撿屍」、「一夜情」這些刻板印象。這也不能怪媒體，因為會上電視的社會新聞，本來就不是好事，尤其又發生在夜店這種是非之地，就像說到摩鐵、motel，你也直覺會聯想到偷情一樣。

臺北的夜店文化已經形成一種觀光特色，除了店家之間競爭激烈，時不時都要推出新的裝潢、新的企劃來吸引嘗鮮客外，因為臺北交通方便，幅員也不算廣，半夜雖然沒有捷運，但是叫個計程車花費比起國外便宜不少。簡單說，去夜店不用擔心回不了家，很多觀光客來臺北都會要當地人帶他們去體驗一下。

對於我這種土土的、從新竹上來臺北的外地學子，夜店的喧鬧與奢華，完全就是另一個不同的世界……

令人期待的美好時光

我記得我從大一開始，就很期待學長們能帶我去見見世面，把自己打扮得趴哩趴哩（現在看當然是很俗），學生時代沒什麼錢，常常還要去跟人家擠什麼週三的Lady’s Night，不然就是週五晚上九點前進場免費這種優惠，當然都是一杯酒精性飲料喝到底。總之，雖然沒幾毛錢，但能混進去，跟人家體驗一下夜店文化，這大概就是我青春時，夜晚最期待的時光了。

隨著年紀漸長，出社會也有了一點收入，我們開始會訂table或包廂，有時約女性友人同行，有時就直接在夜店搭訕，邀請女生來包廂。最熱衷的時期，一個月要去兩次。然後另外兩次則是約女生朋友去ＫＴＶ唱歌，當然一定要約晚上，而且越晚越好，總之每個週末我都要跟男性朋友來個夜生活，鬼混一下。

夜店的正面意義

夜店是一個具有強大社交功能的場所，至少從我的角度來看是這樣。像我這種被列為積極把妹型的人，大概大學以後就沒什麼機會認識女性朋友，尤其出社會後，工作是老師，生活圈更是狹隘。雖然我知道有些朋友會透過網路交友來認識對象，但我一來沒那麼勤勞在網路耕耘聊天，二來也喜歡大家聚在一起的感覺，這樣能邊跟朋友聚會，又同時有機會看辣妹（能認識更好），所以在年輕時，體力還能負荷的階段，夜店就自然而然成了我們固定交際的場所。

人是很奇妙的生物，平常不曉得是不是爸媽、老師教得太好，對不熟的朋友總是行禮如儀，對話過程兩人已經不是隔層紗，簡直是隔座牆。可是，到了夜晚時分，來到播送強力節拍的音樂、燈光昏暗的夜店或KTV，喝點小酒，立馬就能卸下面具和心防熱絡起來，直到結束離開、沒了音樂，才又恢復成隔層紗的距離（但至少不再是牆）。

不過，也不用把去夜店想得多美好，那些舞臺上看到的dancer辣妹，或是穿著打扮入時、身材勻稱的美女，雖然是真有其人，但你就只能眼睛吃吃冰淇淋，那些一生都跟你無關。

夜店裡這麼多正妹，到底哪來的呢？

這就是夜店公關的本事了。他們每晚都穿梭在人群，只要看到長得漂亮的女性，就會先請她喝杯酒作為禮貌，接著就會遞出VIP通行證給正妹及她的女性朋友，讓她們以後都能免費入場，bartender還會請喝一杯。這也是為什麼你常常會在吧檯看到有正妹翹腿坐在那兒，當然你也可以去搭訕，不過你得先了解，這種VIP吧檯正妹，搭訕失敗率往往也是最高的。

夜店是聯誼的競技場

多年進出夜店的經驗，我學到了好幾堂課，其中一堂，就是社會階級的現實與殘酷。

除非真的家裡有燒香，是扎扎實實的富二代，或是人生出頭天，賺了非常非常多的錢，否則拜託，千萬別肖想去到夜店，那些身材曼妙的正妹就會繞著你團團轉。還有，更不要想什麼去夜店就可以「一夜情」（One Night Stand, ONS）：第一，你把女生想得太容易、太廉價；第二，你可能自己也沒照清楚鏡子。

包廂裡充斥著現實的考驗。最弱的男生是連包廂也沒有，反正就是買一張入場票，附一杯或兩杯酒。這種站在吧檯或倚靠在護欄的，就是所謂的「壁草」。當然，如果是帥又高的壁草，那另當別論，不過一般人也都看得出來，你大概就是一個很帥的窮學生。

再來就是我跟我朋友們這種，湊幾個人訂一個table。不同等級的夜店價錢不同，通常基本消費是八千到一萬元，我們會點兩支Jonmie Walker黑牌威士忌，再配幾罐可樂，調成「威士忌Coke」撐一整晚。期間當然還會邀請女生一起來喝，但通常也都是來來去去。如果男性朋友「分母」夠多，一個人出一千到一千五就搞定。老實講，這已經是我們的極限，女生們也都看得出來，我們就只是一群普通的上班族。

在夜店，香檳才是令人注目的焦點。夜店文化裡，如果有包廂點了香檳，他們會安排show girl拿著一個閃亮亮的牌子，一路晃進包廂，為的就是告訴大家「這桌有高級香檳可以喝」。要知道，一支Moët香檳在量販店就要賣到一千六百元了，在夜店喝至少八千元起跳。重點是，七百五十ml的香檳頂多倒個七杯就沒了，而且，相較於威士忌這種高濃度、可以慢慢喝的，香檳的酒精濃度也才十二趴，這包廂沒花個四萬、五萬元，根本出不來。

夜店不是來放鬆的

如果有人說他去夜店是為了放鬆，就我來看，那根本是不可能的。超級吵的嘻哈電子舞曲，連講話都顯得困難，加上喝醉的男女比比皆是，不要在洗手間踩到嘔吐物就偷笑了，最好還能放鬆！夜店就是戰場，是紅男綠女、爭奇鬥豔的聯誼競技場，講白了，來這裡就是想認識「不錯」的對象，這不錯的定義很廣，可以是很帥很美，也可以是很有錢很體貼，總之這裡不是吃素的地方，大家都心知肚明。

男生長得帥、長得高不一定吃香，幽默風趣、健談熱情，再加上有點錢，往往才是受女孩子歡迎的對象。但這需要練習，搭訕是一門高深的學問，在夜店這殺戮戰場裡，有太多男生忙著搭訕，女生打你槍是稀鬆平常的事，最尷尬的是，可能才剛被打槍完，沒多久又在舞池或吧檯相遇。

偶爾會遇到蝗蟲過境……

我跟朋友們雖然膽子小，但志氣佳，如果前方有兩個落單的女性，沒人敢出面搭訕，我們就會猜拳，輸的就要硬著頭皮勇往直前，反正被打槍是意料中事。如果不小心成功了，那大家就開心迎接女生來包廂喝威士忌，通常是坐個十或二十分鐘，看看情況熱不熱絡，畢竟我們既沒錢，也不帥，女孩子最後都會禮貌地說她們先去其他朋友的包廂，之後再回來，然後就再也不回來了。

不過這都算是很有禮貌的，我還遇過幾次神奇的經驗，一樣是朋友猜拳輸了（或意外地勇氣十足）去搭訕正妹，結果不但搭訕成功，正妹還加碼找來七、八個女生朋友一起來。我的天啊！一大群遜咖男生馬上眼睛閃閃發亮，手忙腳亂地一邊倒酒、一邊安排最舒適座位，還要加點水果拼盤和炸物。儘管一時應接不暇，依然分工合作，想說今晚運氣真好，有這麼多女生，那多花一點包廂酒錢也絕對值得！然後，就在服務生陸續送完餐點，女孩們也陸續吃飽喝足，約莫半小時光景後，正妹隊長就突然一個轉身，說「不好意思我們還有別的攤」，然後整隊帶走。原來眼前是個宛如蝗蟲過境般，職業級的吃喝團隊，最後只留下傻眼貓咪的遜咖我們，原地四目八目相望……

後來就學會了，聊天二十分鐘就要先留電話或LINE，不管後續聯絡不聯絡（印象中，半數以上都不會聯絡），願意給電話，就至少還留有希望。

人因夢想而偉大，夜店就是一個讓你夜晚築夢、醒來回歸現實的地方。

夜店，是看透人性的場域……

除了社交聯誼，夜店也能讓人看透朋友的人性。

藝人余祥銓就曾被控在夜店外打人，看到「藝人」、「夜店」這幾個關鍵字，可能已經有人第一時間就有負面聯想、覺得不意外。可是這件事，我從頭到尾都覺得余祥銓很衰。

當時的情況，簡單來說，就是他約了正妹A去夜店，正妹A又帶了另一個正妹B一起同行，而正妹B的男性朋友C也加入了。就算余心裡再怎麼不想要C來，但總是朋友的朋友，也不好多說什麼，也就一起去了夜店。問題來了，那一萬八千元的包厢酒錢，該誰出呢？

收錢的藝術

「如果今天只有我一個男生跟另外兩個女生，那當然都算我的。可今天多了一個完全不認識的男性，他妹也要把，香檳也要喝，按江湖規矩，當然是兩個男生平分帳單。」但偏偏這名男性完全不出錢，也難怪余祥銓不滿被當人肉提款機而引發衝突。

我在《新聞挖挖哇》節目上聽余祥銓講這段，完全心有戚戚焉。因為這類型「揁盤仔」的朋友，我自己也遇過不少。在夜店或KTV這種社交場合，幾個小時下來，包廂裡朋友來來去去，除非事先講好由一個人全部買下（通常是壽星場合才有可能），不然買單還真是一門學問。

在我還很嫩的青春年代，真的會有朋友酒喝一喝就說有事要先走，接著就兩手空空地走了。偶爾一次其實也無妨，反正是自己的朋友，將來還會再見面。但人性就是在之後的第二、三次見面時展現，慢慢你會發現，一大群所謂的「朋友」裡面，總是有一、兩個會特別早走，而且都會忘記付錢。而且這些喜歡早走的常客，往往又最喜歡帶他自己的男性朋友來喝酒裝熟，然後一起提早離去（繼續忘記要付錢）。

以前臉皮薄，有朋友趕著要先離開，說真的，也不好意思談到買單這種俗氣事，最後一定都是留到最後的人一起share包廂錢。但傻子也會長大，哪有人每次都這樣被揁的？慢慢我們開始發現，有些人真的不適合當朋友，但也不需要為了分錢的事撕破臉，於是乎，我們就發展出一套「收錢的藝術」。

這門藝術，就是要有人扮演糾察隊的角色。

一開始就要先講好當天的遊戲規則，是一個人作東全買單，還是聯誼場，由男生一起共同分攤？或者是純朋友場，有出席的男生、女生都要share？先講好規則，再來就要有人全程盯場，包括能點上限多少元的酒，還有不能一次點太多，否則喝不完不僅浪費酒，也浪費錢。再來，當然就是有男生要先離開時，糾察隊要馬上先跟他拿分攤的錢。你說，可是還沒喝完，要怎麼分攤？精明如我，已經發展出一套計算模式：先粗略估算現有的消費，然後加以平均，通常會再多收一點、湊個整數，比如一千、兩千元。如果對方覺得這樣不公平，那就更乾脆一點，直接請服務生結帳，拿到帳單就直接用計算機均分，現場每個人都先把錢拿出來。

這樣做雖然很麻煩，老實講也很瞎，但為了避免被壞朋友揁盤仔，這也是不得已的事。而且，把規則講清楚還有個好處，就是可以避免聯誼場有白吃白喝的鯊魚群出沒。我一再強調，既然是聯誼，男生幫女生出錢也算是初見面的禮貌。但這種事是互相的。雖然這種事通常也不會先說開，但好的女生群，就是會在最後買單時詢問要付多少錢，如此窩心的舉動，我們男生當然就要展現大器地說：「沒關係，男生出就好！」這是多美好的畫面啊！聯誼不就該是如此收尾嗎？

但偏偏鯊魚群不這麼想，不過既然不是美人魚，那也不用跟她們客氣了。這時一定要有男生出來扮黑臉，我們會看情況推派一個最適合的「本日黑臉」出面，我就當過好幾次「黑面郎君」，當我拿出帳單、計算機一按，然後大聲說出每個人要付多少錢時，那些原本徜徉在奢華美酒的開心姐妹們，表情瞬間之錯愕，很難令人忘懷。儘管有些不忍心，但我還是得效法包青天，鐵面無私、明察秋毫，請鯊魚們拿出該付的錢。

當然，這種鯊魚群以後也不用聯絡了，所以真要如此放大絕，男生們一定要有共識，才不會搞砸其中可能發展的姻緣。

不管你有沒有去過夜店，趁著年輕去感受一下，相信也是難得的人生體驗。至於你問我現在還去嗎？天啊，我現在超過晚上十二點就想睡了，以前去夜店都是十二點才剛要開始，真的是歲月不饒人啊！

不正經碎碎念

人不輕狂枉少年。很多事現在不做，以後就沒機會做了。趁年輕時，找個時間去夜店走走吧，看著城市裡的紅男綠女，在夜店裡爭奇鬥豔，我個人覺得是很新鮮有趣的體驗。偶爾鬆開身上的道德枷鎖，用不同的角度，你會看到這城市的另一個面貌。

三千元看清一個人的品格

會不會　有一天　時間真的能倒退
退回　你的我的　回不去的　悠悠的歲月
也許會　有一天　世界真的有終點
也要和你舉起回憶釀的甜　和你再乾一杯
終究會　有一天　我們都變成昨天

是你　陪我走過　一生一回　匆匆的人間
有一天　就是今天　今天就是有一天
說出一直沒說　對你的感謝　和你再乾一杯
再乾一杯永遠　喝了就能萬歲　歲歲和年年
——〈乾杯〉，五月天

有時候回頭看，人生就像五月天的這首〈乾杯〉一樣，每個時刻都會有陪伴在你身邊的人。隨著環境更迭、時空轉移，有些人會讓你留下感恩的回憶，有些人會讓你賭爛一輩子都還在詛咒，當然也有陪你到最後，甚至幫你送行的——喔，我講的不是愛人，我講的是，朋友。

重友輕色的水瓶座

我自己是號稱最「博愛」的水瓶座，占星網站「水瓶座粉絲團」上提到，水瓶座重視朋友的程度是十二星座中最嚴重的。我們喜歡和朋友在一起，喜歡享受友情，完全就是出了名的「重友輕色」，連愛情都擺在後面了。正因為如此重朋友，所以總是一心一意地相信自己所看重的朋友，也會用百分百的真心對自己、一定不會騙自己。一旦某天發現那個「密友」為了一己私利，很乾脆俐落地出賣自己，對友情天長地久的信仰就會瞬間瓦解，信任感蕩然無存。

認識我的朋友都知道，每年四月一日愚人節千萬不要跟我開玩笑，我是真的會翻臉的。記得是念大學的時候吧，某年的四月一日一大早，突然有個朋友用BBS私訊我，內容大概是他被檢查出很嚴重的腫瘤，醫生宣布這是不治之症，他不敢讓親人知道，自然也沒有錢住院，希望我可以幫忙他最後一程。那一整天，我忍住眼淚，發了狂地腦子裡都是過去的回憶，以及想著未來幾天要怎麼去醫院陪他，連醫藥費我都想說要去跟家人借了。

到了晚上吧，我忙了一整天後，私訊問他大概需要多少錢。沒想到，他竟然給我來個「Surprise！愚人節快樂！」不騙人，我當下理智線瞬間斷裂，大概把我這一生所會的髒話都在BBS對話裡打出來了。從此我絕交了這個朋友，這麼多年了，每次講到愚人節都會想起這件事。

因為容易相信朋友、願意兩肋插刀，所以我真的不能接受被欺騙，即便是愚人節開玩笑也不能接受。這點我完全是水瓶座性格，而且還是2.0加強版。

被學長陰，記恨一輩子

連開玩笑都不行了，如果真的被朋友婊，那我一輩子記恨真的是剛好而已。

話說我當年剛上大學時，就是一個傻傻的純情宅宅，當時單戀一個女同學，每天都很期待跟對方見到面，每晚在宿舍就是守在電腦前，等她上BBS。那種痴呆的程度，你要說是茶不思飯不想，我覺得也相差不遠了。

大學有個不成文規定，就是漂亮的學妹都會被拉去擔任球隊經理，這個漂亮女生也不例外。於是，我這小宅宅，就算不太會打球，也一定要跟著報名參加系籃訓練。大概是《灌籃高手》看多了，幻想自己是櫻木花道，只要努力不懈，最後一定可以抱得美女經理赤木晴子美人歸。

《灌籃高手》裡，晴子喜歡的是流川楓，現實生活中的學妹，喜歡的則是籃球隊學長。有個學長球技出眾，人長得也算帥，有眾多學妹欣賞本來就理所當然。帥學長知道我喜歡球隊經理，總會私下教我怎麼擄獲學妹的心，還說要多在學妹面前美言我、助攻我，我感激得完全把學長奉為人生導師。

有次，學長說他要約學妹去淡水，幫我講我好話，但是需要跟我借機車。我想，拜託，人家學長都要花一整天幫助我了，於是前一天就特地把我那臺純白Dio 100帶去洗車場，徹底洗個乾淨。不只機車加滿油，還多買一頂全新安全帽要給學妹戴，想到學長可能還要請學妹吃飯，我又多準備一千元的餐費作為盤纏，當天早上親自目送學長騎著Dio 100，帥氣出發為我把妹。

晚上回到宿舍，學長說他為我說了非常多好話，那學妹也有在考慮要不要與我交往，只是啊，學長說他平常還要打電話給學妹幫我講話，而且騎車要油錢，請吃飯也要飯錢，所以得先跟我借個三千元，事成之後再還我。我怎麼可能讓學長幫我把妹，還讓他花自己的錢？聽了當然立馬去ATM領錢，再三叩謝大恩大德。

事情的發展就是後來他們私下交往了。因為學長檯面上還有一個正宮女友，但他也讓學妹以為她是唯一。

坦白講，今天就算沒有學長，漂亮學妹也不可能跟我交往，這點後來我認得很清。劈腿也不是我的點，畢竟感情事不是外人用偽道德框架所能置喙的。我在意的是，我被最信任的人生導師欺騙了，實情就是人家在那邊兩小無猜、甜甜蜜蜜，而我卻像是個默默守候的「傻盤仔」。那種羞辱，遠比追不到女生還令人不爽。

會騙錢的，往往也是你最信任的人

學長的誇張行徑不只如此，更扯的是，那三千元後來怎麼還呢？學長拿出他衣櫃一件號稱定價一萬多元的Armani長褲給我抵三千元，我當下還誠惶誠恐地，想說怎麼好意思，但學長盛情難卻，我只好勉強收下。結果學長畢業後，某天我在師大夜市的路邊攤看到了那件Armani褲子，定價四百元，打完折三百。

我至今還是很賭爛這個學長，雖然他畢業後我們就再沒見過，也完全沒這個人的任何消息。不過，我很慶幸在大學就遇到他，我用那三千元當學費，學會交朋友的第一課，就是不要借錢給朋友，也不要跟朋友借錢。

常常在新聞裡看到，誰又被誰騙了多少錢，倒債多少錢，這些能跟你借到大筆資金的，一定是你當下最信任的朋友或親人。正因為是你最信任的人，有天他們捲款落跑的時候，你才會體悟到什麼叫人財兩失。

因為被陰過，讓我日後在交友上顯得比較謹慎，不會一下就掏心掏肺。**路遙知馬力，日久也見人心，好友就像八八坑道窖藏陳高，越陳越香，人生道路上若沒有朋友，鐵定無趣到老。**

朋友是你一生的貴人

做人不要太有目的性，朋友就是朋友，不要去設想對方的身分地位對你的事業財富有何幫助。投機性的交往，久了對方也看得出來，這不會是朋友。只要真誠對朋友好，我相信對方都會看在眼裡，時間到了，也一定會適時成為你的貴人。

命理師預言：事業起大運

我在三十一歲時曾遭遇一波大挫折：被交往多年的女友分手。這是我當年年輕氣盛，太自以為是、太「靠勢」的結果。人在心靈失意時，特別相信算命，我也不例外地找了行天宮地下街的某個算命攤。當時特別找了一位女性命理師，想問有沒有機會挽回這段感情，卜卦的結果是「無緣了」，我當下臉應該垮得一塌糊塗。或許是為了緩和氣氛（畢竟我是付費的顧客），命理師突然說我三十五歲後事業會起大運，我心裡想說，我就是一個高中老師，是能起什麼大運，要安慰我也不用這樣鬼扯吧！

就是這麼不可思議，後來我真的在二〇一五年、三十六歲時，有了一個大轉折，就是出了第一本代表作《思辨──熱血教師的十堂公民課》。這本書後來賣了十四刷，以談論社會議題這麼硬的主題來說，銷售成績算很不錯。也因為這本書，讓我有了一定的知名度，上遍各大廣播、電視專訪，後來許多的演講、通告、專欄，也都是因此而來。

之所以能有這本《思辨》代表作，都是因為臺灣居住正義協會的成立，而這個協會，正是我那些眾多稱兄道弟的朋友們一路扶持而來的。

好友協助成立「居住正義協會」

我二〇一〇年就曾在《自由時報》的讀者論壇發表過一篇〈月入八萬　我買不起房

子〉。文章一刊出，就在Mobile 01網站被網友罵翻，不過有貶就有褒，也有許多相同心聲的網友支持我，此後我就常在報紙投書，寫些居住正義、高房價的文章。

記得是二〇一三年十二月的政大東亞所所慶，那天我跟許多同學返母校聚餐，席間聊到高房價議題，突然一個同學說：「那就來組個協會吧，搞一場社會運動，讓政府聽到年輕人的聲音！」

就這樣，當天發起人就湊了快十個。回家後，我開始清點過去的人脈，包括高中、大學、研究所的同學和學長，還有預官班的同梯，我把最要好的朋友都列為發起人，然後一一拜訪、尋求同意，最後湊足三十個發起人，連開了三場的籌備會與一場會員大會，再經過幾個月的公文往返，總算在二〇一四年三月正式經內政部核准立案。

因為都是自己信得過的多年好朋友，所以他們也充分授權，讓我代表協會的發言與活動。有事我們就在群組裡溝通，不會像外界有些組織一樣，搞到最後盡是內鬥爭權。透過協會裡這些好朋友的幫忙，二〇一四年我們加入「巢運」的運作，辦了無數場演講、記者會，甚至最後還寫出主題曲〈明天會更好嗎？〉，在十月四日活動當天，對著露宿仁愛路帝寶前的兩萬人演唱。

社運現場也看階級地位

為什麼要爭取上臺演唱呢？這有個心酸的往事。

話說當年三月正是轟動全臺的「三一八太陽花學運」，這場持續二十四天的學運，大概有在關心社會的年輕人都去立法院周圍靜坐過。剛爆發的第一個週五晚上，我跟好友們一起到現場關心，當時立法院旁的濟南路有搭舞臺，用公民論壇的形式，大家都可以登記上臺發言或唱歌。

我心想，機會難得，可以讓朋友在幾萬人面前演唱，於是遞出了居住正義協會的名片去登記發言。舞臺輪值負責人是位知名的NGO專職人員，他說現場還有三組在排隊，完了就換我們上臺。當時是晚上十點多，想說應該十二點前有機會上臺，一群人就在寒夜裡滿懷期待地等著，因為不確定何時輪到我們，也不敢去上廁所。期間輕聲問了幾次何時輪到我們，負責人很不耐煩回應：「就還沒到你們啊！」

最後何時輪到我們呢？半夜三點。

前面才三組人，為何要等到凌晨三點？

喔，因為有知名度的咖到現場，直接插隊上臺。那天我們才知道，原來主張公平的社運，也不脫現實階級地位的綑綁啊。我還記得我朋友三點上臺時，很客氣地對著臺下那些席地而睡的年輕朋友說：「不好意思，要吵到大家了。」然後非常輕聲細語地自彈自唱那首原本應該是很慷慨激昂的Bon Jovi〈It's my life〉。

寒風刺骨，憋尿一整晚，就為了唱一首〈It's my life〉。

我心想，這種窩囊我一定要討回來，但不是報復那位NGO人員，而是憑自身實力站在舞臺。後來有機會爭取「巢運」主題曲，我們當然是全力以赴，好友們不但寫曲、寫詞，還先自掏腰包進錄音室錄音，甚至剪了一支MV上傳到YouTube。這一切都只為了活動當晚，舞臺上最重要的時刻，我要看到我的朋友在臺上高歌振奮人心，然後在電視臺的SNG新聞立即播出。

真正的朋友不會占你便宜

講到這，不免俗地又要提一下義氣這檔事。

進錄音室壓製唱片是要付費的，我記得錄音費是一萬八千多元，當初「巢運」開會時有提到這筆費用會以群眾募資專案的經費來支應，沒想到後來募資金額未達預期目標，專案失敗，錢都退回去了。我跟朋友說我要付這筆錢，他直接拒絕，後來他的小孩滿月，我就在紅包裡塞進這筆錢，還強調紅包不能退。沒想到，後來我結婚時，這筆錢又出現在我婚禮的紅包裡。

真正的朋友，就是不會去占彼此的便宜。

二〇一四一整年的居住正義協會有了點成績，我的研究所好友當時在《遠見雜誌》擔任記者（也是協會的發起人），就順勢推了我一把，在一次採訪品格教育的專題中，推薦了我的公民課，也實地到我課堂上來採訪。同年十二月，《遠見》就登出了一篇〈他們這樣教孩子：取材時事思辨正義，啟蒙多元價值觀〉。也正是因為這篇報導，寶瓶文化社長朱亞君才來邀請我寫書，就此開啟了我人生另一段事業的旅程。

PART 3
走出校門的自闖課

沒有圍牆的學校——新竹中學教會我的事

關於竹中的辛校長，維基百科上寫著：「辛志平，省立新竹中學創校校長，從一九四五年起當了整整三十年校長才居齡退休，重視人本教育、全能均衡教育、民主自由教育，開創了新竹中學自由開放的校風，有『教育哲人』之稱譽。」

這類關於教育工作者的誇獎，老實說，我聽多也聽膩了——明明就是個大保守派，還要用自由的話語來包裝，偏偏在偽善的教育界，崇尚互捧的環境裡，很多人吃這一套。但是，辛校長真的不一樣。

沒有圍牆的學校——新竹中學教會我的事

沉浸在自由學風下的竹中人

自由風氣的最大功臣

出過兩本書的我，為了宣傳新書，上過不下數十次的廣播節目專訪。這裡面令我印象最深的，是POP Radio《POP大國民》的主持人蔡詩萍。不過不是因為蔡大哥得過二〇一七年廣播金鐘獎（硬要沾他的光），而是初次進到廣播間，蔡大哥的一聲「學弟」，讓我印象深刻。那時我才知道，原來蔡大哥也是新竹中學的校友，後來整個專訪雖然是在談我的思辨公民課，但聊更多的，其實是圍繞著過去在新竹中學的時光。我們一致認同，新竹中學這短短三年的學習經驗，對我們一生的人格養成影響最深。

就連我政大東亞所的指導教授邱坤玄老師，過去也是新竹中學畢業。在講到竹中特殊的校風時，我跟老師都有共識：竹中畢業的校友，不論身在何方，都會以這個學校的校風為榮。

到底是什麼樣的魔力，讓我們這些不同世代的校友，不管經過多少年，都仍舊懷念竹中的時光？這一切都歸功於傳奇校長辛志平。

雖然我一九九四年入學時，他老先生早已過世，但從我高一開始，就一再聽到老師們在課堂上說起這位傳奇校長的事蹟。這種自由的校風，對我一個剛從國中畢業的毛頭小子來說，完全開了眼界——教育本該是這樣！

沒有圍牆的學校

首先要說的，就是沒有圍牆這件事。聽老師們說，以前竹中是沒有圍牆的，雖然我在學的時候大門周圍已經蓋了幾道牆，但說實在的，如果想要離開學校，其實後門就連著十八尖山，大可以直接走出去，連翻牆都不用。我高一的生物老師一開學就跟我們說，竹中上課是不點名的，如果你不想待在教室，要幹麼都可以。不只他，其他竹中畢業的老師，也從來不點名。印象中我的高一生活，就是常常翻牆去隔壁的培英國中打籃球，也曾晃到後門的十八尖山散步，「探索大自然」；還有膽子大一點的同學溜去新竹高商看女生打球的。

總之，整個校園充滿歡樂，想上課的就待在教室，想看書的就去圖書館，熱衷管樂社團的也可以埋頭苦練。這不就是現在很多教育專家所提倡的，以人為本的「實驗教育」？這些事，我在二十幾年前就習以為常了。

這間學校是個完全自主的教育環境，沒有老師會逼學生念書，也不會有導師每天對學生「諄諄教誨」。高中三年，我有過兩位班導師，高一一位，高二、高三一位，兩位都是男老師，也碰巧都是教歷史的。整整三年，我很少見到我的班導師，大概只有在上歷史課時會遇到，我甚至懷疑高二高三的導師可能不認識我，因為他也從來沒叫過我名字。

話說回來，漢人習俗裡，十六歲就已經成年了（所以臺南府城才有「做十六歲」的成年禮）。既然已經是堂堂的高中學生，本來就應該自己打理好自己的學業，當年同學間也從沒聽說有誰抱怨見不到導師這種事，更不用說我高中三年也沒聽過每學期要舉辦「家長日」、「親師日」的，二十幾年前我們就是這樣長大的。

諷刺的是，二十幾年後，我當了高中老師，這些卻反而變成是檢視一個老師「負責」與否的標準。

今天在臺北的高中老師，除了早自習、午休都要去盯學生有沒有在教室保持安靜，學生如果睡過頭沒來學校，家長還會拜託老師打電話，求他們家的寶貝兒子起床來學校。我不會怪這些「媽寶」，因為錯的不是他們，是溺愛他們的家長。各位家長真的要想清楚，孩子終究是要離家獨立生活的，你從小的溺愛，最後只會讓你家的大寶貝，成了社會上被人數落的「草莓族」，甚至是一壓就爛的「水蜜桃族」。

五育並進是真的

新竹中學講求的是自己對自己負責。「五育並進」不只是講講口號，而是玩真的。在竹中，一學年只要有兩科被當掉就要留級一年，最多可以留級兩次。現在的高中生如果學科被當，只要暑假繳個重修的學分費，不管被當掉幾科，有乖乖上完重修課程，基本上就過關了。而且，就算重修課不修，也一樣可以順利升級（只是可能沒有畢業證書，但大學一樣會收肄業證書）。當大學教授抱怨現在的大學生素質很差時，回頭看看這些學生的爽爽高中人生，應該就不會意外了。

當年在竹中，只要有兩科被當，你的人生就要因此delay一整年。重點是，這兩科不限於學科，而是包括所有的科目。也就是說，除了數學、英文、國文這種主要學科被當以外，體育、音樂、美術也列為被當科目。可能很難想像，但我真的有同學因為體育跟音樂課被當掉而留級一年的，此事千真萬確，這就是新竹中學傳奇的地方。

你問，體育是要怎麼被當？

在竹中，夏季、冬季都有一個體能測驗關卡，通過不了就是當掉。夏季是游泳，所有新竹中學的學生，畢業前都必須完成五十公尺的自由式換氣游泳。誰管你是不是天生怕水或有心理障礙，達不到標準就是當掉，你也不用找爸爸找媽媽來關說，反正自己回去利用暑假好好練習，要拿到竹中的畢業證書，就是得學會游泳。

冬季呢？就是跑十八尖山，上坡、下坡合計五千六百公尺。全校學生從高一跑到高三，每年測驗一次，時間三十五分鐘，超過一樣當掉。後來我在陸戰隊當兵，也不過跑五千公尺就氣喘吁吁，而且還是平面的五千公尺，我至今也很難想像高中那三年的路跑，究竟是怎麼熬過來的，只能說那真的是一場試煉，我每到後半部下坡路段時，都跑到胃翻騰，想吐還不敢吐。不過，當時雖然很痛苦，但我跟同學後來都很感謝當年體育老師的殘酷。因為他們的鐵血（我們老師真的綽號叫「鐵杜」），才造就了我們這一生的基礎體魄。

謝謝新竹中學，讓我在高中階段，就清楚了解教育的本質，這才是一生帶得走的能力。

要蹺課、要把妹，也要苦讀上大學

玩樂歸玩樂，蹺課歸蹺課，當年考大學畢竟不像現在錄取率超過百分之百（講難聽一點，現在就算是文盲，隨便劃劃卡也能念大學）。

在我高中那個年代，大學的錄取率大概是四成到五成左右，以地區第一志願高中生的程度來看，雖然不是太難，但如果想進到學費較便宜的國立大學，還真得經過一番折騰。

補習是為了看妹

對一個高中三年都念和尚學校的我而言，唯一可以接觸到女生的機會，大概就是補習班了。這也是我跟我那些宅宅同學每週最期待的時刻，說來好笑，人家新竹女中的女生繳錢是真的在補習，我們竹中的繳補習費，卻是為了中間下課那二十分鐘可以認識竹女的學生。假日的K書中心也是一樣，說是為了K書，但我跟同學根本都心神不寧，從頭到尾書也沒看幾頁，妹倒是整間掃視過一遍又一遍。

青澀的高中宅男歲月裡，這都是我們的日常。

不過，一進入升學的作戰狀態，這種看妹人生就要忍痛卡掉了。

一整年只睡地板的苦讀日子

高二結束，升高三的暑假開始，我第一就是停掉所有的補習班課程（因為根本沒真的在補習），第二是停止去那些有女生在的K書中心（事實上也只敢偷看不敢去認識）。從七月一日暑假開始，我就認清一個事實，好日子該結束了，從此每天只關在新竹中學的圖書館一樓自修室，假日大概中午吃飽飯後進去，平日上課天則是吃完晚餐後進去。總之，我都會待到晚上十點半才會離開，而且不只是我，其他的同學有一半也都自動自發地關在裡面。

竹中圖書館裡面全部都是男生，再也沒有妹可看，真的能做到心無旁鶩。整個高三人生，我除了打籃球運動，剩下就是讀書再讀書。你問我，為何可以如此有毅力？那當然是要鐵了心、立定志向。當時很流行的一首臺語歌，林強的〈向前走〉，道盡了我們這些外來遊子的想望：

火車漸漸在起走　再會我的故鄉和親戚
親愛的父母再會吧　鬥陣的朋友告辭啦
阮欲來去臺北打拚　聽人講啥咪好康的攏在那
朋友笑我是愛做瞑夢的憨子　不管如何　路是自己走
ＯＨ！再會吧！　ＯＨ！啥咪攏不驚
ＯＨ！再會吧！　ＯＨ！向前行

對我這個沒見過世面的新竹少年家，臺北大都會就代表了一切，除了繁華熱鬧，那些過去只有在電視上能看到的，時髦會打扮的女孩子，似乎都在臺北。因此，我高三就決定，無論如何一定要到臺北念大學，而且可以的話，要拚臺北的國立大學。原因很簡單，國立大學的學費只有私立的一半，如果可以靠讀書省下一半的學費，怎麼想都是一場划算的投資。

上臺北把妹的執著，驅動了我讀書的動力，偏偏我不是智商高的資優生，只好「勤能補拙」，用一整年的光陰，每天從早到晚地K書。這種生活，現在想起來都還是想吐。我整個高三從來沒睡過床，只敢在地板鋪個墊子將就睡，理由很簡單：我那麼貪睡的人，如果有床，真的會一睡就不用起床，也不用讀書了。

讀書要找到適合自己的方法

講到這裡，附帶提醒各位還在奮鬥K書的莘莘學子們，讀書真的要靠自己，一定要找到最適合你的讀書方法。以我而言，我是一個自主管理意識很強的人，喜歡自己安排進度，不喜歡聽老師講課。所以我白天在學校上課時，只有數學課會認真聽老師解題，其他課我都是看自己的書，一切按照自己的步驟來走。新竹中學的老師們氣度也夠，不會強迫學生上課只能傻傻地盯著老師「專心聽講」，算是很能尊重學生的學習自主權，自主到我幾乎每個早上都會因前一晚太晚睡，累到睡滿一整節課，老師也不會把我叫起來。

新竹中學的自主多元學風，從這些小地方就看得出來，不是喊喊口號，老師們真的都力行實踐在課堂上。這也影響了我後來擔任高中老師的作風，我從來不會要求學生上課要專心看我，也不會叫學生起床，只希望學生找到對自己最有效率的讀書方法。

我見過太多學生，每天不敢運動、不敢看電視、不敢上網，犧牲了一切休閒的時間，但反映在考試成績卻相當不理想。這就是因為沒找到適合自己的節奏，沒有真正把書「讀進去」，乖乖背了一堆沒用的名詞，背了就忘，忘了再背，但這種死讀書，應付小考可以，一旦遇到考三年範圍的學測或指考（我那個年代叫聯考），就完全沒效。

死背永遠都無效。我知道有些國中老師會發明口訣，讓學生當順口溜背一背，但這只能幫助短期記憶。

有效的長期記憶還是要回歸到理解，要知道事情的前因後果、了解脈絡。

比方說，講到人權的演進，最早的第一代人權源自十七世紀的啟蒙運動，當時的洛克、盧梭等人提倡「天賦人權」，以對抗當時王權無限擴張的「君權神授」說，人民用投票的方式，與政府簽訂「社會契約」，將部分主權交給政府，政府做不好，隨時都能收回權力，甚至透過「權力分立理論」，將政府一分為三（行政、立法、司法），政府的權力被限縮，人民的權利自然獲得保障。第二代人權則源自十九世紀，工業革命後加大貧富不均，社會主義學家開始關注人的基本生存條件，連飯都吃不飽，空有一身言論、集會結社自由又有何用？因此發展出社會權／受益權的觀點，人民期待政府在經濟社會上採取積極的態度，用臺語俗諺來講，就是「顧佛祖（信念），也要顧腹肚（生活）」。

在人生的每個階段，找到現階段具體可行的目標，然後盡全力加以實踐，是對自己負責的表現。

我在新竹中學的階段，設定了「上臺北把妹」的目標，聽起來很瞎（事實上也真的很瞎），但這意念著實成為我用功讀書的動力。具體成效就是後來聯考我考了滿理想的分數，以第一志願進入臺灣師大公民訓育學系，還得到了公費。

自此以後，我在臺北生活超過二十年，至今沒後悔過。

大學學什麼？搞社團、交朋友！

《遠見雜誌》每年二月都會出一本「大學入學指南」專刊，為什麼是挑二月出版？因為高三的學測都是安排在每年的一月底，二月底前會公布學測級分，接下來的三、四、五月，就是依個人志趣申請各類型的大學入學。有一年，《遠見雜誌》也邀請我跟知名藝人簡嫚書同框，還拍封面（硬要講），以過來人的身分和莘莘學子們談如何選填大學。

對於每個有高三學生的家庭，大學如何選填志願，始終是親子之間最重要的課題。對家長而言，這個志願一填下去，影響的不只是未來四年大學生活，更可能決定孩子一輩子的工作職業，所謂的一生的「前途」，似乎就在此刻要做出了結，怎能不慎？

填志願還是要符合自己興趣

現在回想起來，我高三時，除了青春期直線性思考，只想著上臺北把妹，在填志願時還相當偷懶，完全不考慮理想性，只想著未來如何可以爽四年。老實說，我當年最想當的職業應該是律師，二十幾年前的律師，至少以新竹這小城市來講，不但收入保證高，社會地位也驚人，講白了，就是走路有風，不但保護自己也保護家人。但問題是，一九九六、一九九七年的律師，每年錄取人數才兩百多人（現在則是每年錄取八、九百人），說穿了你大學法律系連讀四年都不一定能上，更何況我才剛脫離高三的苦讀地獄，那種病態生活撐一年可以，撐四年？別鬧了。

新聞系則是我的另一個夢想。從小我就喜歡看新聞，但填志願前，家人說記者要吃很多苦，收入也不穩定，要我多考慮考慮。我自己想想也有道理，我能接受半夜隨時on call嗎？有可能放棄假日去應付突發狀況嗎？想想我這種貪睡懶散的個性，根本無法勝任記者的角色，於是轉個念，決定找看看其他穩定一點的工作。

後來，我把師大公民訓育系填成第一志願，在當年，這個系的畢業生絕大多數就是

師大運動會的啦啦隊比賽

擔任公民或者童軍老師。當初放榜時，其實嚇壞了我那些高中同學，他們想說那個看起來就像不良少年的人，未來竟然要去「為人師表」？很多年以來，每次講到當老師這件事，這些同學還是對我抱以相當懷疑（我覺得根本是嘲諷）的眼光。

為何選擇當公民老師？因為我想到，高三時上三民主義，當時的公民老師彭瀧森很喜歡跟我們談時事議題，對一個懵懵懂懂的高中生來講，他確實打開了我對政治、社會的視野。我想，既然自己無法創造新聞，但我能拿別人寫的新聞，講解給學生聽，這樣一來，我就多多少少能跟最喜歡的新聞保有一些連結了。

在師資培育還沒大量開放的年代，老師的錄取率是很高的，基本上只要能考上師大或師範學院，除非畢不了業，不然十之八九當老師是很理所當然的事。我當年還因為學校政策，得到了公費生的資格。

什麼叫公費生？就是我大學四年除了學費全免，每個月還有三千多元的公費可領。更重要的，公費生意味著教職的保障，雖說要服務偏鄉地區的國中至少四年，但相對地，未來也不用煩惱教師甄選或流浪教師的問題。所以，從大一開始，我就注定不需要認真讀書，未來也一定有教職工作。本來就是一個想要逃離讀書地獄的北漂少年，又得到公費生保障，這根本是脫韁野馬、火上加油。老實說，每次記者問我在師範大學裡學了些什麼，我都很難回答，畢竟當年有時睡過頭就沒去上課，或者就算有去上課，也常常是在底下看自己喜歡的閒書甚至漫畫（那個年代還沒有智慧型手機可上網）。

你說都沒上課，那期中、期末考試怎麼辦？雖說大學的考試都是申論題，但老師們在批改的時候都不會太刁，基本上考前兩週拿同學間整理的共同筆記去影印，然後亂背亂寫一通，勉強及格還是可以。有些課程則要求繳交學期報告，認真的同學當然要花很多時間去寫，但我有歷任學長們的庇蔭，大一時就買了好幾盒當時通用的3.5吋軟碟片（那個年代還沒有USB），再把學長們留下來的學期報告、作業、教案全部copy起來，未來四年要交報告時，自己再加以更新一下，就這樣一路混下去，成績當然吊車尾，不過勉強畢得了業。

人永遠無法預測未來。當初因為考試考怕了，才不選法律系，可惜人生無法盡如人意，後來我不願安於現狀，又下定決心考研究所，甚至參加更困難的高中教師甄選，終究躲不掉讀書讀到反胃的考試噩夢……

從社團活動修人生學分

每個人擁有的時間都是固定的，你問我，既然課都沒好好在上，大學到底學了什麼？

當然是學把妹啊！這毫無疑問就是我考大學的動力，好不容易熬到考上師大，我又是念文組的，系上男女比率一比四，我還記得新生訓練那天一大早，我就穿著特別訂製的師大學生服（繡有校徽的白上衣、卡其西裝褲），拿了一堆髮膠抓了又抓（我當時是有留頭髮的），就是要有型有款，然後充滿期待地迎接未來的戀愛人生。

是啊！臺北真的沒讓人失望，同學裡正妹真的不少，其他系的女生更是令人眼花撩亂。雖然當時有人酸「師大無美女」，意思是別校的女生更漂亮，但對我這和尚學校畢業的小宅宅來說，師大簡直已經是天堂了！

話說，只要是能認識女生的活動，我一定會卯足全力參加，所以我從大一就很熱衷於社團活動，目的很單純，一樣是為了把妹、認識女生，大概各種類型的我都參加過了，諸如：竹苗北漂學子組成的聯誼性質竹友會，團康、踏青、郊遊性質的四海社，救國團嚕啦啦，才藝技能取向的愛樂社、熱舞社、吉他社……反正是有人找就去，而且學長姐對我都很親切，每個社團都像是個大家庭般溫馨。

不過，我也得說實話，參加了這麼多社團，我還是沒認真學到什麼才藝。既然當初參加的目的就只是為了把妹，當然就不是真的對這些社團有什麼認同感，沒興趣又強迫自己參加的結果，就是到頭來整個一事無成，妹也沒追到，後來再去社團也就意興闌珊了。

唯一的收穫，是透過社團認識不少朋友，比方我在吉他社交了幾個一輩子的樂團好友

（好到我的婚禮還有上臺表演那種），後來在高中教書，還當了好多年熱門音樂社的指導老師（雖然我至今連吉他和弦怎麼彈都不會）。

如果現在問我對社團的理解與體驗，我想，**參加社團的樂趣，是能與志同道合的夥伴共同追求夢想，但並不是說參加一個社團就叫玩社團，那可能會把一個人的志向限制住，應該是找到你喜歡的事，就好好去做。**比方說你喜歡攝影，要不要參加攝影社都可以，重點在你有興趣，且願意專注地去把它做到更好。

要找到熱情，這才是我所定義的社團學分。

雜學、自修，闖出一片天

不像國高中，同學們整天相處在一起，大學的同學都是上課人才來，下課人就閃。除非是分組做報告時，有分到跟正妹同組（那機率趨近於零），不然你還是只能趁上課時眼巴巴看著正妹從你眼前走來，又從你身後飄走。

雖然課都沒在認真上，但我實在好愛去學校，至少大學前三年，我都會跟幾個死黨朋友沿著和平東路校本部、師大路宿舍到處遊蕩，甚至到羅斯福路上的理學院分部修課時，也是眼觀四方，總是期待可以認識女同學，然後約聯誼、約吃飯、約踏青之類的。

圖書館是消磨時光的好所在

圖書館，才是最容易邂逅正妹的世外桃源。師大本部的圖書館有七層，藏書豐富，位子坐起來也舒服，時不時就會有正妹在那邊借書、查資料、翻雜誌，不然就是靜靜地K書自修。坐在圖書館裡頭一邊看書，一邊看著來來往往的正妹，幻想著能找個理由去搭訕，聊文學、聊青春、聊人生，這豈不是人生最大樂事？

可惜幻想就只是幻想，我連搭訕的膽子都沒有，何來後面的聊青春？

不知道是好還是壞，總之我把大多數時光都耗在圖書館裡了。每天混在圖書館裡亂看書，大概能看的書都看了，除了生物演化、自然科學、數學這種超硬的真沒辦法，其他上至人文、歷史、社會、哲學、宗教，下至文學、愛情、兩性、占星、心理，我全都看，更不用說音樂、美術、漫畫、設計這些，反正在圖書館看書有冷氣吹，又不用花錢。

千里馬遇到伯樂老師

雜食、雜學的結果，讓我本科成績亂七八糟，課外知識卻胡亂吞了不少。還記得大二修了一堂童軍課，期末上臺報告的主題是國際觀，每人要鎖定一個國家做簡報。我當時根本沒出過國，甚至連整學期的課程內容是什麼都搞不清楚，通常這種上臺報告如果可以分組，我都運氣很好地，會有幾個善良的女同學自動幫我放在她們組裡（這些同學當然是至今都有聯絡的好朋友），可這次是一個人上臺報告，我真的是要死馬當活馬醫了！

印象中，當時發生了科索沃戰爭（一九九九年），我每天窩在圖書館都在看報章雜誌的這些報導，只好胡亂整理一些關於南斯拉夫、科索沃的地理、種族、經濟、政治的資訊，連PPT都不會做的我，就這樣上臺鬼扯了一、二十分鐘。

沒想到報告完，老師呂建政竟然在全班面前誇獎我，說我講得很好，我整個愣住，想說老師你也太浮誇了吧……下課後，他說我獨樹一格，別人的報告都是日本、美國、英國這種主流大國，只有我注意到科索沃這個巴爾幹半島上名不見經傳的小國。

後來，呂老師邀請我去他家聊書，也建立起我的閱讀習慣。他博學多聞，我們什麼書都聊，哲學、歷史、政治、經濟，完全沒有限制。呂老師說，所謂的「博士」，不應只限制在自身領域的專精，那實在對不起「博」這個字。真正的博士，反而需要廣博的閱讀，而且學海無涯，呂老師從不因拿到博士學位、有了教職，就停止閱讀研究。他反而更加用功，我光看他家就有一大面的書牆，形形色色的書都有，就像圖書館一樣。每次我們一聊完，他就會丟一本書給我，說：「這個你回去看看。」下次見面就要問我讀書心得，也是真的滿有壓力的（因為他給我看的書都太硬啦）。

有時我們也會半夜去誠品敦南店，那裡書很多，又二十四小時營業，我們通常會從晚上十一點看到清晨四點，之後就在旁邊的雙聖吃個早餐再回家。他還會請客，真的很夠意思。至今我不論去哪裡，背包裡一定放有一本書，就是受他的影響。

比馬龍效應發生了

有個著名的教育學理論叫「比馬龍效應」（Pygmalion Effect），意思是假若老師認定某些學生為資優學生，即使他們並非真正的資優，但是經過老師的提點和鼓勵，最終亦會自然地成為資優生。這典故出自希臘神話，比馬龍是賽普勒斯（Cyprus）的國王，熱愛雕刻藝術，他花了畢生的心血，雕出了一個少女像，命名為加拉蒂（Galatea），並視之為夢中情人，日夜盼望雕像變成真人。他真摯的感情，感動了愛神阿芙蘿黛蒂（Aphrodite），於是愛神將雕像賦予生命，石雕少女就化成真人，成為比馬龍的妻子。

比馬龍效應就類似心理學的「自我實現預言」（Self-fulfilling Prophecy），一個人假若得到適當的鼓勵和認同，平庸的人也可以有突出的成就，但如果一開始就認定自己會失敗，通常結果就真的會失敗。為了搭訕正妹而踏進的圖書館，最終也沒因此交到女朋友，反而因緣際會啟發了我對閱讀的興趣，加上呂建政老師的鼓勵，我後來在大三下學期時，決定要認真讀自己有興趣的政治學、憲法、國際關係、中國大陸研究這些，甚至花錢去補習班上課。

苦讀了一年，終於在隔年以第三名的成績考進政治大學東亞研究所。雖然進了研究所還是一樣，又開啟校園的閒晃看妹人生，但多少證明腦袋裡還是能裝進一點學問吧。

不正經碎碎念

師大帶給我最多回憶的，反而是男生宿舍裡，地下餐廳附設的理髮部。

我從大一開始給阿姨理髮，至今超過二十年。為什麼畢業那麼久了，每兩週就要大老遠回去一次？因為念舊，那是一種熟悉的安全感。尤其在我三十一歲失戀低潮時，阿姨們成為我心靈的導師，除了鼓勵我不要失志，每次理髮完還幫我修眉開運。

大概是「自我實現預言」成真吧，我後來真的愛情、事業兩得意，這一切都要感謝阿姨們幫我理的招牌三分頭。話說人家理髮廳放的都是期刊雜誌，但你去看，師大理髮部架上，一定有我那兩本《思辨》跟《向高牆說不》，而且還不能被雜誌遮到。什麼叫做

人情義理？我想這就是了吧！

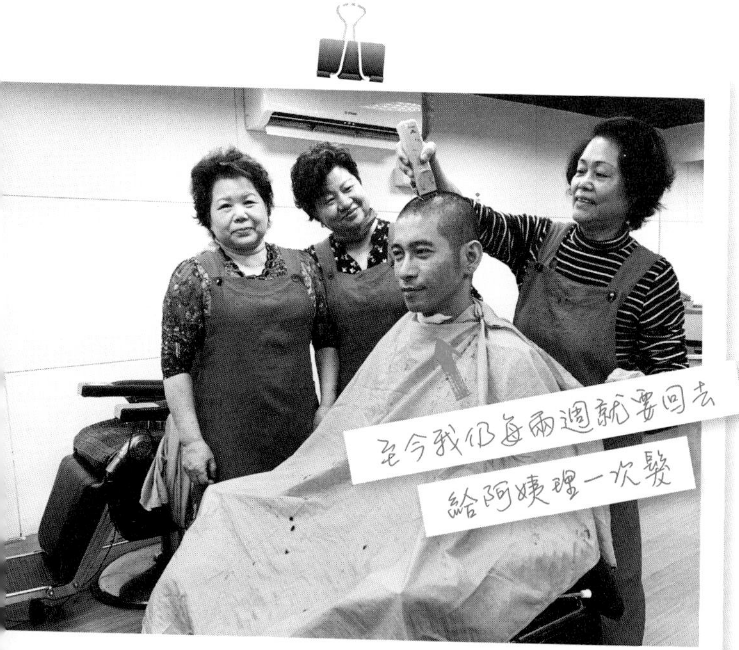

師大地餐理髮部

打工教會我的事——掃廁所這門學問

打工，相信是許多大學生共同的記憶／噩夢。每個人家裡狀況不同，有些到外地求學的同學真的必須靠打工才能維持生活，特別是在學費昂貴的私立大學，白天上課、晚上打工幾乎已成常態。順帶一提，臺灣的學制真的很荒謬，品質越好的國立大學，學費越便宜（還提供不錯的宿舍），而品質越差的後段私立學校學費則越貴，明明大家的父母親都有繳稅，國家卻用考試成績的高低，去決定一個學生未來四年的學費多寡。

回到打工這件事，憑良心講，身為免學費的公費生我，經濟負擔不算大，其實大可專注在學業成績上就好。但既然我對課業沒興趣，而且大學寒暑假時間那麼長，加上平常玩樂也需要一些費用，當然還是要強迫自己去打工，賺點生活費。

打工開拓人生視野

跟本身科系有關的，我做過補習班的課業輔導老師（就是那種坐後面解題的），也做過國中生的家教老師，老實講這種工作真的很無聊，純粹就是知識的傳遞與解惑而已。雖然我知道有的家教老師是可以用心投入到出書的（我說的就是吳曉樂那本《你的孩子不是你的孩子》），但我實在沒辦法在晚上燃起教育熱忱。當課輔老師唯一的好處，就是時薪比較高，一小時大概都有新臺幣四百元，一個月多個幾千元補貼房租，算是還不錯的穩定收入。

既然是課餘打工，好奇心旺盛的我，當然要找平常沒機會接觸的工作來開拓視野。我把主力擺在餐飲服務業，因為覺得可以接觸各式各樣的客人是很有趣的事，於是自告奮勇跑去當時師大路上的一家美式餐廳當外場服務生，可惜待不到一年，那家店就倒了。人生際遇就是這麼神奇，後來這家餐廳的女店長改到臺大新生南路側門的女巫店當店長，而我也在偶然用餐的機會遇到當年那位店長，後來在大四的時候進入女巫店，從頭開始學習。

話說女巫店這家複合式餐飲店，在文青界可是鼎鼎有名，創辦人彭郁晶深受女性主義思潮影響，她鼓勵女性脫下身上的胸罩，掛在椅子上，凡脫胸衣者，送一杯飲料。女巫店白天、晚上都有提供簡餐和下午茶，亮點就在每週四、五、六的晚上十點，整家店會轉變成有創作歌手現場演唱的live house。我在那打工時，陳綺貞、巴奈、紀曉君已經是當時店裡駐唱的招牌，當然也有許多有潛力的歌手輪番排唱，現在當紅的歌手張懸（焦安溥），當時還只是默默無名的小歌手，聽說也曾在女巫店打工洗盤子，可惜我當年沒機會遇到這麼厲害的同事。

你說能在這麼有名的店工作，想必薪水不差吧？

不瞞各位，二〇〇一年時，我在女巫店的時薪只有新臺幣七十元，而且，做大夜班到凌晨兩點下班，薪水也是七十元。一方面當然是因為我很菜，什麼也不會，當然要從最低薪開始，另一方面則是當年法定的基本工資只有六十六元。

一小時七十元的工作，我為什麼要特地把它寫出來呢？是想藉機投訴當年的委屈嗎？不，剛好相反，我至今仍非常感謝當年那位店長的破例任用（原本只雇用女性員工），讓我眼界大開，也因此奠定了我後來斜槓人生的基礎。

在女巫店學會掃廁所

我在女巫店學會的第一件事就是掃廁所。店長當時只跟我講了一句話，要了解一家餐廳做得好不好，首先就是去看它的廁所。一個連廁所都管理不好的餐廳，餐飲衛生你也不用有什麼期待了。

日本有個知名的掃廁所哲學「掃除道」，就是一九九三年起，由汽車零件公司皇帽（Yellow Hat）創辦人鍵山秀三郎所創立的「清掃學習會」。看似簡單的掃除，尤其是打掃一般人認為骯髒難聞、最不願意碰的廁所，其實可以發展出有邏輯、有方法、有組織力與行動力的「清掃哲學」。其中的關鍵，就是「凡事徹底」、「感恩惜福」的精神。十年間，鍵山秀三郎證明了企業主親身帶頭掃廁所不僅能凝聚企業內部的共識，掃除企業只重結果不重過程的弊病，甚至可以讓績效不振的企業起死回生。

不過，一小時領七十元的我，掃廁所時是沒那麼心靈充沛、感恩惜福啦。基本上我都會戴著口罩進去，剛開始一定是心不甘情不願的，但誰叫我是最菜的打工仔，我不入廁所，誰入廁所？不過，人生就是熟能生巧、逆來順受，好像久了也就覺得還好，反而慢慢有一種成就感。除了清馬桶尿垢、清潔洗手檯的水漬、除垢這種基本工作，還要補充衛生紙、顧慮到地板的乾爽度等，最後再噴上香香的除臭劑。重點是，每隔一、兩個小時就要進去巡一巡，看看有沒有什麼要整理的。後來我每次進去五到十分鐘就可以把廁所維持得很好，有個乾淨無異味的廁所，真的是越看越順眼。

掃廁所可能是整個餐廳服務最簡單的工作了，你不需要太多專業技能，也不用直接面對客人的挑剔，只要默默戴著口罩進行十分鐘的勞動，就可以讓客人有個舒適的如廁環境。偏偏，各位仔細想想，你去過的餐廳，是不是每家都能做到維持舒適的如廁環境呢？我知道日本可以，他們連公園裡的免費公廁都能做到，但臺灣呢？高檔的百貨公司、昂貴的美食餐廳做得到我相信，但一般的簡餐店或連鎖餐廳呢？真的只能碰運氣了。

當臺北美食開始進入米其林評鑑指南，當拚觀光成了全臺灣縣市首長的共識，我想不必捨近求遠，要看有沒有心，只要看一間餐廳有沒有先把自家的廁所顧好。這是最基本，但可能也是最難達到的第一步吧。

掃廁所看出教育的失敗

說來也可悲，後來我當了老師，陸續待了好幾所國中、高中，我真心覺得，一間學校辦學成不成功，也不用看什麼校務評鑑，只要去廁所走一遭（男、女廁都一樣），就知道這間學校的校長和老師有沒有治理能力了。很奇怪，在部隊時都沒這問題，長官叫阿兵哥掃，阿兵哥就乖乖打掃，可是在學校，老師叫學生掃，問題就一大堆，不情不願、愛掃不掃是家常便飯，甚至還有家長說孩子是到學校讀書，不是去掃廁所的，他們寧可外包給清潔公司，也不願孩子動手做……

從日本人的掃廁所哲學來看，我想，說臺灣的教育失敗也不為過。

被女巫店啟蒙的性別意識

毋忘初衷，當初願意低薪投身女巫店，當然要有誘因，除了員工能享有免費供餐，最主要誘因，就是我想當個帥帥的bartender，然後就能趁機搭訕來店裡消費的正妹——電影不都是這樣演的嗎？

帥帥bartender只會出現在電影裡

人因夢想而偉大，因幻滅而成長。確實，店長有教我如何成為bartender，提供了很多飲料調製的配方給我，這裡面包括學煮虹吸式咖啡、煮紅茶、現打果汁、調蛋蜜汁等，也包括酒精類的雞尾酒製作，有直調式、雪克杯，甚至還有簡單的水果雕花。但，帥氣bartender只占我打工不到十分之一的時間，其他時間都是在做外場清潔服務生，更多是在吧檯裡洗杯子、用熱水燙餐具（為什麼要燙呢？第一是為消毒衛生，第二是湯匙燙過會發亮）。但這些都還好，最可怕的，是每天晚餐後八點，我要在廚房裡洗當晚全部客人的餐盤，尤其在夏天，整個廚房完全沒有冷氣，我都是要脫上衣（因為我不想洗完全身汗濕到像掉入泳池般狼狽）、用力洗上百份的餐盤。這裡面最麻煩的，就是陶瓷做的焗烤碗，那是要用鋼刷刷到手起水泡，還不見得能刷乾淨的噩夢。

好不容易忙完洗碗工程，緊接著是九點多將有下一批客人要來聽十點開始的歌手演唱。這時我總可以站上吧檯，開始認識女生了吧？想得美！這時候客人更多，特別是遇到知名歌手，比如巴奈這種，那根本是人山人海，如果只是點啤酒還算謝天謝地，只要開瓶器開一下就好，但很多客人愛耍時尚點調酒，要知道，手忙腳亂中還要兼顧調酒順序步驟，最後還要把杯子收回來洗，那真的叫做焦頭爛額。

從此我就懂了，**電影裡演的那種帥帥bartender，瀟灑自若，然後跟吧檯正妹眉來眼去，再請人家喝杯雞尾酒那種，就只是電影而已。**

你說真的都沒女生跟我告白嗎？硬要講是有一位啦，某天晚餐後，我一如往常默默站吧檯洗杯子，一位看起來大概三、四十歲的常客姐姐（我當時是個二十二歲的小鮮肉），自己一個人來，堅持要坐吧檯前，她一邊點菸，一邊對著我的臉緩緩吐氣，說：「有沒有人說你長得像劉德華？」從此，我就有個綽號叫「女巫店劉德華」了。

性別意識的啟蒙

人生就是這樣，太有目的性的，最後都會落空。

雖然妹沒把到，打工錢也沒賺到多少，但女巫店的經驗倒是啟蒙了我的性別意識。除了前面提到的胸罩掛椅背，飲料單裡還有個品項是「月經冰茶」，其實就是現煮的天然花果茶加蘭姆酒。女巫店把這些過去被認為是不潔的事物（有些寺廟禁止女性月事時進入），堂而皇之地端上檯面，而女巫店樓上，三樓就是一九九四年成立的「女書店」，更是臺灣第一家專賣女性主義及同志議題的書店。有時女書店的員工姐姐還會下來女巫店吃飯，這些都是幫助我認識性別議題的開始。

後來我才知道，當時還有個「公館彩虹社區」的計畫，在二〇〇〇年由臺灣同志諮詢熱線協會等各單位一起出資發起，邀請公館商圈的店家參與，各店家會在店門口貼上

大四畢業典禮，「女巫店劉德華」時期

彩虹貼紙歡迎同志朋友，店內還會放置一些同志相關的活動訊息DM。想當然耳，女巫店、女書店一定是名列其中，也是透過這個彩虹社區計畫，讓我認識了位在羅斯福路汀州路巷內的LGBT同志主題書店「晶晶書庫」，而我也在一次又一次的買書、閱讀過程裡，學習了大學生該懂的性別課程（很諷刺地，當年師大四年都沒教這些）。

把餐飲當成學術來研究

除了性別啟蒙，基於個人強烈的好奇心與求知意念，我並沒有白費打工的時光，反而利用這個機會，充分且廣泛地熟悉餐飲工作，除了學會基本的飲料調製技能，我還執著到休假時，去誠品書店把所有關於咖啡、雞尾酒、茶的書全部買回來當功課研究，就連啤酒、葡萄酒，我明明酒量就不好，也跟人家學起品酒知識。

我有個特色，就是意志力很強，做每件事都會堅持到底。我想，**一個人要得到某種程度的成就，就是需要堅持跟好奇心。**這段為了把妹而開始的打工人生，雖然終究沒因此而把到妹，但後來我展開了迄今已近二十年的教師職涯，回味起當年青澀的打工歲月，依然意猶未盡。

當兵學會的事

「當兵是男人必經的歷程。」這句話在臺灣很常聽到，它用神聖的儀式性語言來包裝當兵這件苦差事，似乎唯有經過這個儀式，你才能蛻變，從少不經事的男孩晉升為保家衛國的男人。聽起來很感人吧？不感人也不行，我們也只能用這樣的話術來「鼓勵」——或者，更直白地說，「安慰」——這些即將入伍服役的年輕男孩。雖說當兵是男人必經的歷程，可是，這種話都只是講給一般的平民百姓聽的……

成功嶺預官班的我

不能當兵，可以打籃球……

很多高官的兒子、知名藝人，甚至家裡有點背景的，平常都好端端的，一到體檢時，什麼千奇百怪的症狀都跑出來了，到底是真有那麼嚴重還是被過度放大，無從得知。只是這些因疾病而沒辦法當兵的男孩，卻又常常能看到他們在打籃球、打棒球……奇怪，不是有醫生囑咐身體沒辦法負荷高強度運動嗎？！

不過，我也不用自命清高，想當年體檢時，我也是想著不知有沒有機會來個「閃兵」，因為我兩眼都有九百度的高度近視，聽說單眼超過一千度就免役。只是我一方面沒門路、沒後臺，二方面也不知從何搞起，最後還是被列為乙等體位，乖乖安心上路（入伍）了。

臺灣自二〇一八年一月一日起，開始實施完全募兵制，所以一九九四年以後出生的役男只需服四個月的軍事訓練役。不過由於募兵制成效不彰，耗費軍事預算也過大，在憲法第二十條還保留「人民有依法律服兵役之義務」的情況下，未來有沒有可能改回徵兵制，其實還有討論空間。此事我不多做評論，但我認為，一個可資信賴的徵兵制，絕不能容許有人投機閃兵，除非是身體畸形、殘廢或領有殘障手冊者，否則應不得免役，一律改服替代役，一樣能盡國民義務。把制度建立好，我相信大家就能心服口服。

話說回來，讓每個年輕人都有機會對他的下一代說說爸爸當年的英勇，不也是件很浪漫的事嗎？

老鳥欺負菜鳥

軍隊是個講求階級、背景的現實社會，特別是對於義務役，有沒有後臺，待遇真的天差地遠。每次有一批新兵報到時，就會傳出誰的後臺是誰，偶爾還會看到軍車開進營區，長官下了車就走進營長室閒聊，旁邊坐著新來的小兵。這畫面傳達的訊息很清楚：老鳥整新兵，照子要放亮一點，不要挑錯人了！

在我一年多的軍旅生涯中，我見過許多明理的領導幹部，但不可諱言，也見過幾個混吃等死的軍士官。這類軍士官都有個共同特徵，就是升不上去，都在耗時間、等領退伍金離開。一般來說，除非是軍官自己不想幹了，否則只要認真戮力勤務，升上少校不是太大問題。偏偏我就是在自己的軍官寢室裡，遇到了這種升不上去的上尉軍官。

我是菜鳥，對這位上尉一定是畢恭畢敬地叫學長，但不知怎麼，總覺得他不太搭理我。果然沒多久，事情就爆發了。

事情是這樣的，這個上尉把錢放在寢室一個未上鎖的抽屜裡，有天回寢室時發現錢不見了，他把整個營部翻了一番，還是找不到錢的下落，就把矛頭指向我，說是他的錢從沒掉過，結果我這預官一住進來，錢就掉了，一口咬定錢是我偷的。

在當時，部隊裡沒有什麼正當法律程序，學長說有就是有，我啞口難辯。後來的日子裡，他逢人就念，不外乎是「外來人手腳不乾淨」、「讀過大學的更會偷錢」。我一個新來的菜鳥義務役少尉，周遭都是他們小圈圈裡的志願役軍官，每天只能提心吊膽度日。

就在我深怕遲早要被惡整報復時，一個消息來了。

道德兩難的選擇

原來是艦隊裡的海軍上校軍官召見。當時我部隊裡的營長也不過中校，竟然有上校要找我？少校營輔導長當然三步併兩步把我帶去。

話說這個上校也乾脆，寒暄沒兩句直接切入重點，原來是他正在政治大學進修，知道我是政大畢業的碩士，就想請我「幫個小忙」，幫他寫幾篇報告論文。這時，一個道德兩難的議題出現了。

任何有受過教育的人都知道，自己的論文當然要自己寫，何況上校還是拿國家公費去進修的。老實說，如果我是正義感十足的下士洪仲丘，道德上我應該要婉拒才是，但對毫無背景的我而言，平安退伍比什麼都重要，於是二話不說，立馬答應。你爽快，長官自然也爽快，除了交代營輔導長要盡可能給我榮譽假回政大找資料，還說了句中聽的話：「如果有人欺負菜鳥預官，告訴他，黃益中是我罩的人。」

事情就是這麼奇妙，自從我開始幫上校長官寫論文，那個整天想找我麻煩的上尉學長，再也不曾怒目瞪我，頂多就是裝成陌生人。

只求平安退伍，這就是我在部隊的選擇。

把握時間，用小聰明當兵

雖然有人說當兵會變笨，我倒不這麼認為。每個人一天都是二十四小時，要怎麼運用是看個人的造化。我在部隊裡擔任營部政戰官，不用帶兵，每天就是彙整旗下五個連部的相關資料，做成表格傳到上級旅部。除了每到莒光日就要去各基層連部督導，偶爾也要辦理大型活動，真的很累。舉例來說，一場月會要動員全營五百多名官士兵，有的要勤務、要請假，有的本來就休假，光是統計和聯絡當天的出席人數，就可以忙翻整個禮拜。

小聰明如我，當然要想辦法偷懶，既然重點是要做成書面報告，等待上級將來的督導，在拍活動照片時，我就用換座位、換衣服、換PPT背景、換講者等方式，這樣一場動員會議，我就能做成N場不同的會議紀錄！

因為認真做資料，表格報告做熟了，後來的大半年，我在部隊就可以省下許多時間。基本上就是上午用電腦，下午就沒事等運動。

我就是這樣變壯的

在陸戰隊每天最痛苦的事，就是早上五點半被挖起來跑五千公尺，每次跑完回來，看到隔壁海軍弟兄睡眼惺忪地伸懶腰，心中當然覺得很幹：一樣都在當兵，怎麼命運差這麼多？不過退伍後想想，真的要謝謝陸戰隊的嚴格訓練，讓我身材變得更壯，還養成運動的好習慣。

說到這，我實在佩服當年的少校參謀主任，他是個律己甚嚴的好長官，每晚熬夜做資料，不論多晚睡，隔天早上一定五點半準時出發跑步。更妙的是，這個長官下午四點還會跟阿兵哥打籃球，他們一邊打，我就一邊在球場旁拉單槓、做伏地挺身。

這就是最基本的領導統御：講再多都是假的，唯有以身作則，才能真正服人心。

PART 4

學校不教，但你該學的性別課

人類最古老的產業，性不性由你

你知道臺灣的現行法律是允許性產業存在的嗎？

早在二〇一一年，立法院就通過了《社會秩序維護法》的修正條文，其中第九十一之一條規定：「直轄市、縣（市）政府得因地制宜，制定自治條例，規劃得從事性交易之區域及其管理。」簡單來說，就是各縣市都能設立性交易專區。在此專區內從事性交易是合法的，但如果在專區外從事性交易，則娼嫖雙方皆可處新臺幣三萬元以下罰鍰。

這麼多年過去了，其實不用想也知道，有哪個縣市首長或議會敢開放性專區？

明明法律精神是肯定性工作者的權利，這也符合二〇〇九年釋字第六六六號的解釋意旨。可到了實務上，大家都心知肚明，性產業這件事就是從此束之高閣。明明它存在，卻只能當作不存在。

地下經濟

性產業跟賭博一樣，都是地下經濟的一環。所謂「地下經濟」（Shadow Economy），指的是未向政府申報登記，經濟活動脫離政府法規約束與監察，且又無須向政府納稅的人民經濟活動，而其產值與收入亦未納入GDP（國內生產毛額）。根據學者估算，我國地下經濟的規模，相當於GDP的百分之二十八，這些未計入GDP的地下經濟金額高達新臺幣三、四兆元。相較於一般已開發國家，其地下經濟占GDP的比率為百分之十至十五，臺灣的地下經濟占比其實過高。

如果是一般的違法攤販，輔導改成地上經濟簡單，可是一扯到「道德」，很多事就走不下去了。

對於性交易這個可能是人類社會最古老的產業（在古希臘羅馬時代已很普遍），當前有些國家是給予合法化地位的。性交易為何能「除罪化」？因為它在犯罪學上，被視為

「無被害者犯罪」，雖然觸犯了某種特定社會階層的道德觀念，但並沒有被害人，因為犯罪雙方（或多方）是自願參與的。講白了，就是一種銀貨兩訖、自願交易的概念。

感情的事，不應用刑罰伺候

性交易工作者（賣淫）不是只限定女性，男性也可以從事，只是目前女性占多數，可能高達九成。你說怎麼會沒有被害人，那些男嫖客的女友、太太甚至整個家庭，都是明顯的受害人啊。

關於這件事，我的想法跟「通姦除罪化」一樣：這種事屬於夫妻之間的私密事，不用動不動就搬出國家刑罰伺候，感情的事你找法官來判，既浪費司法資源，也沒有意義。好，就算法官懲罰了出軌的一方，然後呢？你真的覺得他會從此心甘情願地愛你一輩子，至死不渝？不要自己騙自己了。如果對方的心已不在你身邊，勉強把他綁死在你身邊也沒用。

有人甚至會為此偷裝車上GPS定位，隨時要另一半回報去哪、跟誰去、幾點回家，還為了表示對另一半的深愛（明明是不信任），獨自坐在客廳等著良人半夜回家。你的姐妹聽了一定會為你抱屈：這麼好的女人，怎麼不懂得珍惜？但我聽了，只覺得難怪你老公不回家。如果不考慮父母親跟小孩感受，他可能早就跟你離婚，去找他人生的春天了（還不只第二春）。

性交易，不管是單純只想下半身體驗，抑或尋求心靈上的情感慰藉，有朋友相伴的，能一起上酒店找小姐，趕時間就直接嫖妓解決，想抒壓的，也有半套按摩，反正任君選擇，應有盡有。千萬不要天真地以為擋住了性產業，這些琳瑯滿目的消費就會跟著消失。**性產業繼續不合法，除了國家收不到本來應繳的稅，警力資源也會浪費在這些不必要的業務，大家終究只是以「眼不見為淨」的自我安慰心態在自欺欺人罷了。**

性專區，還是低調點好

有人會說，現在性產業就這麼多了，如果將來開放合法化，數量會變得更多。唉，我想這是過慮了！會去「鬆」一下的朋友，向來是越低調越好，哪天臺灣真的有「性交易專區」，甚至弄得像荷蘭阿姆斯特丹的「紅燈區」（Da Wallen），成為知名觀光景點，我才不相信那些嫖客會大剌剌地公告周知晃進去。性交易專區合法化，頂多表示這個國家認可「性」也是一種勞動權。

以阿姆斯特丹為例，政府會提供性工作者定期健檢、月事津貼等社會福利，也有失業保險和退休金，甚至還有自己的工會組織。當然，從事性工作的前提是自願性的，如果有拐騙甚至人口販運，就是犯罪。

至於鄰近臺灣的日本，色情產業也是出了名的發達。其中，東京淺草附近的吉原、新宿的歌舞伎町、大阪的飛田新地、福岡的中洲，都是很知名的風俗區。日本現在訂有《賣春防止法》處罰賣春行為，不過，若是「類似性交行為」（無性器官結合），則適用《風俗營業等適正化法》。以東京的吉原遊廓為例，過去在江戶時代是公娼制度，現在已轉型為泡泡浴為主的風俗業街區。所謂泡泡浴，有點類似國內的桑拿，就是在房間內進行一對一的按摩洗浴及其他服務。根據統計，日本的性產業從業人士超過三十萬人，年產出約兩兆三千億日幣，占日本國內GDP約百分之〇・四。

話說吉原街區的外觀，比住宅區更住宅區，夜晚街上相當安靜，不講根本看不出來是風俗區。這點很符合日本人對色情業「可以做、不能說」的態度。PTT「SEX」版時不時有「老司機」的帶路分享文，最頂級的、由小牌AV女優親自下場的，一晚甚至要價二十萬日圓，有鄉民省吃儉用一整年，為的就是圓一場九十到一百二十分鐘的AV女優夢。

每個老司機分享的境遇都不同，有幸運的，當然也有坎坷的（可惜不能拍照），這一場又一場的冒險，讓我看見人因夢想而偉大的感動啊！

不正經碎碎念

阿姆斯特丹的紅燈區女郎，依工作地點還分成「巷弄女郎」跟「運河女郎」，聽說當地人會去光顧的，都是隱密的巷弄場所。難怪運河區的櫥窗女郎很不滿，抱怨大批遊客在她們面前自拍，不僅讓她們身分曝光，更影響她們做生意。如果你有機會去，注意，千萬不能對櫥窗女郎錄影及拍照。一方面是尊重性工作者的人權，更現實的，不只警察會保護這些女郎，有些店家更有「私人警衛」，相機被摔壞算是事小，你能不能全身而退就不得而知囉。

酒店，就是買一個戀愛的夢

男性或女性朋友要前進聲色娛樂場所，我的想法是，那是你家的事，只要你的另一半沒有意見（或不知道），對得起伴侶就好。

當然，夢醒時分，真要把妹，終究要靠自身條件的努力啦。

價碼天差地遠的酒店業

最高檔的「便服店」，賣笑不賣身，你花了一萬、兩萬元，可能只有摟摟抱抱，要進一步做到S（性交易），那只能看你個人砸錢的本事，你多去消費然後人模人樣的，也許有機會。次一等的稱為「禮服店」，消費金額低一些（不用一萬元）。禮服店跟便服店的差別，在於小姐的談吐，畢竟便服店很多是有錢商界人士談生意、應酬的場所，小姐當然要懂一些應對進退。禮服店相對比較單純，唱歌、喝酒、聊天、玩遊戲就好，跟便服店一樣是做純的，要做S得自己努力。

最便宜的，稱為「制服店」（由店家提供清涼性感的制服），小姐因為年齡因素或外在條件差一些，只好辛苦一點，要脫衣、要秀舞。這裡消費比起前面兩種都要便宜很多，五千元以內就可以搞定，對於手頭沒那麼寬裕的客人來說，偶一尋訪倒是不傷荷包。

還有一種叫阿公店，顧名思義，就是陪酒坐檯的小姐年紀偏長，前來消費的客人一般來說年齡也大一些。這種店內部裝潢簡單，不像酒店那麼高檔，隱密度也差，不過優勢就是消費便宜，大概兩千元可以搞定。

如果覺得進酒店害羞，或真的只想找人談心，那麼也有「TALKING BAR」（賞大酒）這選擇。這其實就是小型的酒吧，跟一般pub最大的不同，在於店內會有姿色或談吐不錯的女服務生來陪你聊天。當然，要聊天你就得請人家喝杯酒（其實裡面是茶），所以俗稱「賞大酒」，一杯酒三百元可以聊十五分鐘，要續聊也可以，不過如果想要其他服務，店裡不提供。類似TALKING BAR的進階版，叫「PIANO BAR」（鋼琴酒吧），有點像小型夜店，也是開放式包廂，點酒會有小姐來陪聊天，因為整體質感較好，進出人士很多是商務客，小姐的外表、內在素質要求都高，所以消費也高，不輸便服店。

花錢不用大聲嚷嚷

我討厭的是吹噓，特別是異性戀男性，有些人一講到「戰酒店」，就整個人突然化身劉德華、郭富城，好像全世界他最帥，妹都為他傾倒。一下「那個妹年輕、臉又可愛」，一下「那個妞奶大、腿又長」的，吹噓他都把到甚至睡到了，有時幾杯黃湯下肚，講話也跟著大聲起來，還順帶手舞足蹈，我看了實在覺得很丟臉。

丟臉的點有兩個。第一，**去酒店就是花錢消費，花的錢越多，小姐的姿色就越好。錢不是你才有，只是每個人的價值觀不同，有些男人會置裝、旅遊、品味生活，也有些男人則只想把錢拿去酒店當大爺，享受那兩個小時的優越感，如此而已。**第二，看那些人講得口沫橫飛的，那張臉啊，牙齒亮著陳年黃垢，看起來好幾天沒洗的油頭，配上臃腫邋遢的身材和穿著，我只想為酒店小姐抱屈：人家也是來工作的，接這種髒兮兮的奧客，要被你摸、被你親，可能還要被你睡……將心比心，這位客人，你自己不覺得噁心嗎？

酒店就是買一個戀愛的感覺

酒店跟嫖妓到底差在哪裡？為什麼就是有人喜歡「戰酒店」，甚至還在裡面暈船？有PTT網友講得很到位：「戰酒店是心理需求；戰桑拿或直接吃魚喝茶是生理需求。戰酒店只是享受那個fu，想想一個魯肥宅，就像我，活了二十、三十年沒交過女友，花點錢，去買九十分鐘的快樂時光，雖然性價比不高，但是愛好者還不少。」

桑拿就是三溫暖做半套。至於吃魚喝茶，都是嫖妓，差別在於「魚」是自己接客，平常有正職工作，偶爾出來兼差一下，類似援助交際，時間比較不好喬；「茶」則是上頭有公司經營，也有司機接送，不滿意可以換人。這種都是私人的一對一交易，純解決生理需求，交易時間也短。

酒店則是朋友相揪一起去，小姐會幫你倒酒，跟你噓寒問暖，也可以牽牽小手、男女一起對唱情歌。想想看，你平常在外面都怎麼被女孩子say no的，酒店雖說只有兩小時，但人生苦悶，花錢買個談戀愛的fu，夢醒以後還能跟朋友炫耀，想想酒店小姐也是功德一件啊。

約會與約炮的差異

這樣講很沒禮貌，但其實仔細想想，男女之間的浪漫約會不也是種性交易？

你想想，男生花心思安排約會，最終目的為何？難道只是為了心靈交流，純聊天、純分享生活？世俗間的男性，也許能從一壘牽牽小手開始，但終究還是要回到本壘的。

時代在走，男孩子安排約會的難度是越來越高了。人是一種會比較的動物，以往的年代，約會只是兩人的事。但如今是臉書、IG打卡發達的年代，當女孩的姐妹們po出什麼新開的、厲害的、最好還有米其林加持過的餐廳，美照下方附上一句「謝謝最愛的北鼻帶我來ㄛ」，女孩也跟著在下面留言：「好羨慕喔~我也想去。」此時她的追求者就要傷腦筋了：我也要帶她去嗎？可是這真的很貴，我自己都吃不起了……想裝死當作不知道，你想那女孩之後還會跟這小子約會嗎？不給約會，或約了一、兩次撐不下去，就是交易失敗，白忙一場的概念。

約會難，約炮更難。約炮跟約會的差別在於，上壘的時間縮短了。人家約會是一壘、二壘、三壘安打慢慢推進，約炮就是全壘打一步到位。約會時，男孩子還可以裝一下靦腆，來一下害羞，約炮可沒辦法，因為得直球對決，這需要不怕被打槍的勇氣（就是臉皮要夠厚啦）。

不傷害到他人就好

浪漫這種事，每個人有每個人的想法，大家都是成年人了，只要是自己理性做出的選擇，都是最好的決定。你不需要去評斷別人，相信你也不喜歡別人來評斷你。不管是約會或約炮，只要是雙方合意，不傷害到別人，我覺得都是好事。

也因為這樣，我支持性交易產業。它只是把男／女性原本該花的時間成本，轉換成等值的金錢成本，由酒店小姐／牛郎來提供勞力與勞心的服務，換取應有的報酬。只要是雙方（甚至多方）合意，我覺得都好。

性產業或特種行業有它存在的必要性，它就是一個休閒娛樂，不可能消失，也永遠禁止不了。只要不把酒店的夢境當真，認清花錢的事實，不要暈船又搞成火山孝子，我想每個人的生活方式都值得被尊重。

婚姻這檔事——有麵包的愛情，才叫負責

童話故事的結尾，大概都會寫到，結婚以後，公主和王子從此過著幸福快樂的日子。還沒長大的女孩們，多多少少都曾幻想自己穿著白紗、走在紅毯的那一天。長輩也常對男孩們說，要趕快「成家立業」，成為一家之主。

但，結婚真的那麼好嗎？

婚姻就像圍城

內政部的統計資料顯示，國內每年約有十五萬對情侶結婚，也約有五、六萬對夫妻會選擇離婚。從這幾年的數據來看，可以發現結婚率有下降的趨勢，二〇一七年有十三・八萬對新人結婚，結婚率是千分之五・八六，創下二〇一〇年以來的最低點。另一方面，二〇一七年的離婚率則是千分之二・三一，創下五年來新高，在亞洲名列第二名，僅次於中國大陸。

從我的觀點來看，離婚率越來越高，其實不是一件壞事。這表示現在的夫妻越來越知道自己要什麼，與其把自己的人生獻給錯的另一半，還不如痛定思痛，早點分開，早點迎接新生活比較實在。

你就把它想像成是情侶分手吧，拜託，誰沒被甩過，誰沒分手過？唯一的差別，就是要跑一趟戶政事務所，找兩個證人簽名，然後登記一下，就可以說bye bye了啦。

婚姻是什麼？最貼切的形容，就是錢鍾書在小說《圍城》裡寫的：「婚姻是一座圍城，城外的人想進去，城裡的人想出來。」

沒進過城，哪知道城裡長怎樣子？我畢竟自詡為社會觀察家，所以不能免俗地，也決定在二〇一六年底進城，要來體驗一下這座圍城的滋味。

我體會到的，就是交往是兩個人的事，相愛就好；但結婚，就是兩家人的事了。

有麵包才是負責任的愛情

如果有人問，愛情與麵包，要選擇哪一個？被愛沖昏頭的年輕小情侶，鐵定毫不遲疑回答「當然是愛情」，順便加碼，來個「天涯海角我也願與你共度」。

小女生們，請記住，這時千萬別「被懷孕」了。

最怕的就是小男生深情款款跟你說：「相信我，我會給你跟孩子一輩子的幸福！」等孩子生出來，你就會知道為什麼俗話要講「貧賤夫妻百事哀」。講難聽一點，連自己都快養不活的小屁孩，憑什麼去耽誤人家母子的一生？

這是自私，不是真愛。

年輕少婦撐不了多久，最後自己帶孩子回娘家的多的是。社會很現實，離過婚又帶著小孩，在婚姻市場已經不是打折，簡直是要拍賣了。好好的人生就栽在沒有麵包的愛情，這真的是你要的嗎？

我不是現實，我講的是肺腑之言。**婚姻不是兒戲，拜託請你做好準備再來。這才是對自己負責，也對你所愛的另一半負責。**

天下父母心

事後回想實在有點丟臉，鐵漢如我竟然就在婚禮上，當著幾百名賓客的面前掉淚。當時，岳父牽著我太太，把她的手交給我，婚禮主持人又是我的好學弟，他娓娓講著爸爸如何把女兒從小拉拔到大，「如今要把他一生的摯愛交給我們的新郎官益中……」拜託，再怎麼堅強的陸戰隊弟兄，也沒辦法忍住不哭啊！

我曾不只聽過一個朋友說，我們男生要娶別人家的女兒可以，條件是一定要有自己的房子。偏偏這年頭，除非有富爸爸、富媽媽留一間給我，不然，哪個單身男子買得起市區的兩房三房？

我在二〇一四年從事「巢運」時就研究過，臺灣的房價從一九九九年以來，漲了三倍，而同時期的勞工薪水扣掉物價漲幅後，卻是零成長。簡單來講，如果要以買房為標準，一九九九年時我可以，現在不可能。

但我不是要批評準岳父們，畢竟沒人會希望自己的女兒未來要吃苦，女兒可是爸爸前世的情人啊！雖然暫時買不起房，但我很坦誠地把未來的規劃告訴岳父、母，比如我每個月基本收入多少，可以租多少錢的房子，地點大約在哪，我太太未來要怎麼上下班等。還有我新竹老家有沒有負債，需不需要我支應每月的生活費，未來有沒有打算獨力買房，是不是趁年輕多寫作、多接演講賺外快等。

種種在經濟上的努力，都必須讓對方的父母安心，這是基本的責任。因為有了麵包的愛情，才是真正負責任的愛情。

不正經碎碎念

婚姻不是兒戲，雖然在熱頭上潑人冷水很不道德，但我還是要提醒被粉紅愛情泡泡環繞的年輕女孩兒，事先一定要做好最壞的打算。在「婚姻市場」上，男女年齡是成反比關係。既然時間不站在女孩這邊，千萬不要再傻傻地被愛沖昏頭，人生是你自己的，冷靜想一想，你會感謝當年的自己。

嫁雞不隨雞，太太不是夫家的財產

網路論壇時不時就有準新娘在問，未來該不該跟公婆住在一起？這議題往往會引發熱烈討論，很多媳婦都會上去發表自己的感受，有支持，也有強烈反對的。

這問題的答案，當然會因為各家庭的相處情況而不同。不過我比較想問的是，為什麼都是女生在討論要不要跟男方父母同住？怎麼很少聽到有人在討論「女婿要不要跟岳父、岳母同住」？

擇偶理論

關於戀愛交往，心理學上有兩種截然不同的理論。其中「相似論」指出，人往往會喜歡上與自己有部分相似的人，較容易被與自己意見或立場相同的對象所吸引，而彼此有共同的興趣或嗜好，也會促使雙方更加親近。

相對地，「互補論」則主張，個性不同的情侶較能順利交往，因為彼此能互相彌補對方的不足，用自己的長處去補足對方的短處，使得關係更加緊密。

這兩種理論，一般是「相似論」比較被人接受，大家普遍認為個性相似才會在一起。不過，就我個人的交往經驗而言，我傾向認為互補的兩人較能長久。個性作息、工作環境都一樣的兩人，時間一久，日子很容易變得平淡無趣，因為「你懂的，我也都懂」，那還有什麼好聊的？相反地，如果兩個人一冷一熱、一靜一動，生活常常有變化，長久下來也比較能保持新鮮感。

不過這也不是說相似論就不重要，至少幾個大方向，比方說人生觀、價值觀還是不能相差太多的，這樣兩人才能朝著共同的夢想攜手前進。而互補型的伴侶，因為雙方個性截然不同，更需要有包容、理解的雅量，才能懂得欣賞對方的優點。

該不該與公婆同住？

關於同住問題，我的看法是，不應該男女有別。從丈夫的角度，妻子與自己的父母同住，娶來孝順自己的爸媽，也許會認為理所當然。沒錯，孝順公婆是應該的，但住在一起，就表示每天都要看公婆臉色。日常生活中有大大小小的瑣事，再怎麼小心還是會有摩擦，也許剛開始丈夫還能從中協調、雙方各退一步，但時間一久，你說要婆媳相親相愛，實在有點強人所難。

各位人夫請將心比心、捫心自問：為什麼不是你住到女方家，每天從早到晚孝順岳父、岳母，再拜託你的太太「居中協調」？如果你自己都不願意，又有何資格去要求另一半呢？照顧年邁父母固然重要，這是做子女的義務，但夫妻可以租房子住在附近、互相照應。千萬不要同住一個屋簷下，彼此保留一點隱私，不要喪失原本的生活空間，才是長久的經營之道。

對女性不平等的習俗

各國婚禮都有自己的特色，臺灣的婚禮規矩尤其特多，大多數行禮如儀我都還能接受，不過有幾個習俗我就很反彈，當然我就刻意不遵守了。

其中，潑水是我最不能接受的儀式。根據習俗，新郎到新娘家迎娶以後，禮車開動時，女方主婚人（也就是父母）要持一盆水潑出去，意思是嫁出去的女兒如同潑出去的水，不要再回來。

還有一個丟扇的習俗也很奇怪，就是禮車剛開動時，新娘要從車窗丟出一把折扇給弟妹撿，說是「放性地」，因為「扇」的臺語發音近似於個性的「性」，意味新娘要把在娘家的小姐脾氣收起，自此作為賢淑人婦，而新娘出門之後就不可回頭。

我甚至聽人說過，嫁出去的女兒沒事不要常回娘家，什麼「嫁雞隨雞，嫁狗隨狗」的，拜託，我聽了就很火大。要女人凡事以夫家為主，不應該保有自己原本個性，把為夫家洗衣、煮飯、掃地視為「賢淑」美德，這種丈夫娶的應該不是老婆，是奴隸吧?!

聘金不是在買媳婦

聘金，臺灣的習俗有分大聘、小聘兩種，大、小聘金要準備多少，當然是依男方經濟財力而定。以我那些中產階級朋友來講，大聘有三十六萬、六十六萬，小聘就八萬或十六萬，當然也有聽過大聘擺到一百萬的。不過一般來說，女方多是收小聘而不收大聘，雖然也有大、小聘都收的例子，不過我周遭的朋友都沒有收大聘。

我個人覺得聘金實在是一個很歧視的制度，好像我們男方開一個價錢給女方父母親，他們對數字滿意、收了錢，就可以把女兒給「買」走。現在女方多不收大聘，我猜也是基於這個道理。我結婚時，岳父、岳母連小聘都不收，這點我心裡是認同的，當然不是因為省下一筆錢，是因為我知道他們的女兒，無價啊！

不過，我們男方家還是堅持要給小聘，這理由當然不是買媳婦，而是「乳母錢」，意思是將這筆錢奉獻給準岳母，以報答養育之恩。結果我岳母也只是心領，把這錢留給了我太太作為「起家錢」。

從男方的角度，會覺得「我付了很高的聘金（通常就是大、小聘都拿走），所以你女兒當然要來我們家做牛做馬償債」。更惡劣的，甚至不把人家女兒當人看，而是把她當買來的「財產」看，這種情況在東南亞的跨國婚姻裡並不少見。

飄洋過海等待一個幸福

內政部戶政司研究發現，由於跨國婚姻的基礎相對薄弱，外籍配偶一旦取得我國籍後，離婚率高達百分之二十五，遠高於國人平均離婚率百分之十四。在二〇〇八到二〇一六年間，透過婚姻歸化我國籍之各國外配共計五萬五千八百五十五人，其中原屬越南籍者比例最高，達百分之七十八。從離婚率來看，原屬柬埔寨籍之外配最高，比例高達百分之三十三・三一，原屬越南籍的外配比例亦達百分之二十六・八一。上述外籍配偶離婚生效的時間，幾乎都「趕」在當事人拿到身分證一年、未滿兩年之際，其次則是兩年、未滿三年。

乍看這個數據，有些網友可能會批評這些越南新娘就是「來騙身分證」的，但如果你聽過這些越籍配偶在夫家是怎麼被對待的，根本像是花錢買一個新娘來生孩子、做奴才，沒事還要被婆婆在背後跟八婆姐妹們閒言閒語，說這個媳婦不好好做家事，成天還想往外跑……也難怪這些離鄉背井的南洋姐妹隱忍八年，一拿到身分證，第一件事就是離婚。可憐白坐了八年牢，還要被自私的夫家說是來騙婚的。

這裡我就要誇獎一個正在新竹當老師的高中同學，同樣是娶越南籍配偶，我這個同學啊，可是先在臺灣把越南語學好，才去女方越南娘家提親的。一般都是外籍配偶嫁來臺灣學華語，這還是我第一次聽到有臺灣人先學越南語的。可能看我一副不可思議的懷疑臉，同學直接出示他與太太的對話紀錄給我看，真的是用越南語交談！

我這位同學，當初跨國婚姻的手續也是他自己上網做功課，再到越南問翻譯社自己辦理的。婚禮是越南、臺灣各辦一場，其中新竹的這場，我同學自己出機票、食宿的錢，邀請女方的父母、親友來臺灣親眼見證。

聽了他們的故事，我想，幸福真的不難，端看夫家誠意而已。

婚禮本身就是一場人性的考驗

婚禮的籌備，從頭到尾就是一場感情的考驗，從婚紗要去哪拍、婚宴餐廳要訂哪家、喜餅要買多少、賓客要邀請誰，到訂婚、結婚要合辦還是分開，還有蜜月旅行要去哪裡，別忘了還有求婚鑽戒要準備……光這些瑣事就夠小倆口忙上一整年跑不掉了。結婚前還有長輩要的古禮儀式要走，什麼六禮、十二禮，什麼「呷甜甜，生後生（兒子）」的，一堆口訣，我現在早就忘光光了。

我這過來人的想法是，身為準新郎，該花的錢就要花，不要為了一些零碎的細項跟你女友爭吵。反正你有幾多錢，你的另一半應該也很清楚，在能負擔的範圍內，我們就爽快買單，反正吵完你終究也是得買單。

當然，如果女友開出一堆你賣血也做不到的夢幻選單，比方鑽戒要D Color一克拉（市值七十萬元以上），餐廳要市區、有牌子的五星級飯店（一桌兩萬五起跳），這樣的婚姻該不該結，相信你自己心裡也有數。

婚禮籌備就是感情的考驗

不過是辦個婚禮，為什麼要把新人搞得那麼累？

我自己的經驗告訴我，目的只有一個，就是讓你這一生只結這一次婚就好。

該花的錢要花，不該花的，也可以省一點。婚紗真的不用迷信名牌，我就有朋友去那種一整組要十萬元的店，婚紗還要另外加價，拍出來女方覺得非常不滿意，不得已只好換到另一家五、六萬元的重拍，結果還比較好看。關於婚紗照，我的想法是，呈現最真實的自己就好。我曾去過幾次婚禮，在門外看新娘的照片看了老半天，心想：「咦，這個人真的是我同學嗎？」連婚禮當天的新娘妝也把她化到不成人形……親愛的新娘，你老公愛的是你，不是婚禮上那張面具，好嗎？

請客就是要讓客人吃不完？

婚宴餐廳就讓我很頭痛，話說每次去吃喜酒，都是菜多到吃不完，以一般標準十二道菜來講，大概吃到第六、七道，整桌客人就差不多飽了，之後上的菜就只能眼睜睜地看它擺在桌上，然後眾人無動於衷。比較好的情況是賓客願意請服務生幫忙打包，可是大家想想看，你自己吃喜酒時，真的會把桌上的剩菜都打包帶走嗎？

我真的很討厭浪費食物，所以我當初就決定只訂八道菜，加甜點、水果，至多十道菜，這樣也是「十全十美」。當然，沒有魚翅一定是最基本的。如果賓客真的吃不飽，我會請餐廳隨時準備好吃的炒飯或其他主食，反正賓客是不可能餓著的。我也不是真的那麼摳，若能省下兩道菜的錢，可以用全體賓客的名義，捐給有需要的NGO弱勢團體，一方面不浪費，一方面也能加減做公益。

可是，最無奈的就是這個「可是」，臺灣的婚宴菜單竟然都是固定十二道！至少我問到的都是如此。唯一的差別，只是菜色不同，價錢會因食材而有不同而已。只能說啊，這種辦桌請客的場合，要讓客人吃不完才有面子的壞習俗，真的該改掉了。

別把喜餅當成打腫臉充胖子的工具

喜餅則是另一個煩惱。

已經很多次親身經驗了，每當拿到身為女方親友的喜餅，怎麼吃就是那幾個固定品牌，然後又是為了面子，喜餅禮盒都在比誰大盒、誰華麗的。現在年輕人通常不太喜歡傳統漢餅，送給賓客的，都是包裝精美、裡面全小包塑膠袋分裝的西式喜餅。老實講，我真的只想拿一盒兩百元的漢餅就好：西式喜餅那麼大一盒，自己吃等著肥死，要送人也得剛好有場合大家分著吃，真是自找麻煩。現在的新人通常還是會訂漢餅，畢竟長輩們喜歡，不過啊，這漢餅不是單獨存在，而是搭配西式禮盒一起送的，理由一樣：為了面子。

喜餅雖然是男方出錢，但是由女方挑選的。這點我就真的要感謝我太太娘家，他們完全可以理解我的初衷，也認同婚禮可以做公益，所以我一開始就決定要支持喜憨兒或類似的組織。上網搜尋了好幾家，最後看中了心路社會福利基金會所屬的「庇護工場」手工蛋捲。後來我訂了兩、三百盒香蕉口味的蛋捲，收到的親友都說讚。這證明一件事，做公益不一定要委屈自己，真的可以「一兼二顧，摸蜊仔兼洗褲」。

發喜帖、收禮金是人性的試煉

發喜帖、收禮金也是一門藝術。親戚與至交好友這邊不是問題，過去人家包多少，你就加一點上去回包。至於要不要參考餐宴的規格等級？基本上，都至親了，這不會是問題。問題比較大的，在於同學、同事、工作夥伴、不熟的朋友這塊。婚禮畢竟是喜事一樁，該不該給那陣子有接觸到的人這顆紅色炸彈，也著實讓我想破頭。

我最大的顧慮，就是沒辦法回包。比方有些工作上認識的夥伴，人家都已經結過婚了，我根本無從回包，難道要等他的孩子長大結婚才回禮嗎？那至少也是三十年後的事了。至於一些比較不熟的朋友或師長，我也很為難。不給，擔心對方會覺得我不把他當朋友；給了，我更是不好意思，才見過幾次面就要人家包紅包給我。

這種事真的看人。我聽過很多朋友抱怨的例子，特別是同事間收禮而產生的怨言。公司的同事來來去去，說真的，今天包給新人，明天他可能就離職了，這紅包直接放水流。有去吃到喜酒也就罷了，最尷尬的是明明就不熟，卻拿了喜帖，沒交情根本也不會去參加，可是誰好意思不包個紅包？這種不論交情，硬要給同事紅色炸彈的，心裡在想什麼其實大家多少心知肚明。

教育圈有個慣例，若知道某位老師或同事要結婚，如果不去婚禮（其實就是非常不熟的那種關係），也會意思意思包個六百或一千二。所以最怕的，就是被問：「聽說那個某某老師要結婚了，你要不要包？」這種情況，我早期當老師時也會包，但後來我實在受不了：明明只有點頭之交，幹麼還要給禮金？於是，我鐵了心，除非是有交情的人，不然我不包這種「君子之交淡如水」的紅包。

我聽過友校的一個經典例子：曾有新來不久的年輕代理老師要結婚，唯恐天下不知，廣發喜宴通告給各辦公室，大大的通知單上，還附有表格，可以勾選「去，請給我喜帖」、「不去，請給我喜帖」、「不去，不需給我喜帖」。請問，誰好意思勾第三個選項？而幫忙跑腿貼布告欄的另一個老師也夠天兵，還跟全辦公室同事說，不能去的，紅包到時候他會一起幫忙收。

據說那次婚禮，該校每個老師無論怎麼不熟，都勉強包了紅包。一年後，這位新郎官老師就離職說再見了。

這也是為什麼我當初在發帖子時，就很清楚訂下規矩：不熟或見過幾次面的朋友，我會先送喜餅給他們，但不給喜帖，也就是不拿禮金。不過，我也特別跟這些朋友解釋，婚禮辦在新竹，不好意思讓他們跑一趟，會另外找時間在臺北請大家吃飯。至於學校的同事，只私下詢問幾個比較熟的。會來新竹吃喜酒的，我才給喜帖；當天有事不能出席的，我堅決退掉紅包，這底線絕不能讓。

不是我無情，而是我看過太多趁機撈一筆的新人，我必須有自己的堅持。**這是面對金錢時，人性的試煉。但相信我，你的堅持，會帶給你更多的尊重。**

我的彩虹婚禮

走在紅毯那一天　矇上白紗的臉
微笑中流下的眼淚　一定很美
走在紅毯那一天　戴上幸福的戒
有個人廝守到永遠　是一生所願
——〈走在紅毯那一天〉，彭佳慧

人一生就結這一次婚（理論上），特別是新娘子，就像彭佳慧這首〈走在紅毯那一天〉所唱的，這可是她等待了一輩子，最重要的一天。婚禮這等終身大事，當然要慎重。

朋友精心製作的彩虹旗布景

用心比花錢重要

首先就是婚宴會場的選擇。最現實的問題當然是價錢，從五星級飯店到路邊辦桌，高低有別，但以我自己參加別人婚禮，以及自己籌辦的經驗來說，硬體設備就那樣，其他地方有沒有事先用心準備，才是賓至如歸的關鍵。

以飯店或婚宴會館來說，通常會有基本的音響設備，但如果你要華麗、有氣氛的，從入口進場的背板裝飾，到餐桌上的浪漫盆花、氣球，甚至是大提琴、小提琴、薩克斯風現場演奏，都能準備。一分錢一分貨，有多少錢就買多少規格，不要打腫臉充胖子就好。

如果可以，主持人最好找認識的朋友來幫忙，如果真的找不到，至少新人也要先跟主持人meeting過，先讓主持人知道新人的一些交往故事，還有雙方的生長背景等基本資料。我去過很多婚禮場，那種沒事先re過稿，對新人完全不熟的主持人，整場婚禮下來，真的就像公務員在照本宣科，賓客完全可以感覺到冷冰冰、不情願的敷衍態度。

很幸運地，我當初在找主持人時，就鎖定我竹中跟師大的學弟夏立民，他不但一口答應，還很專業地事先跟我開會，要我告訴他我跟太太之間的愛情故事，包括一些印象比較深的軼事，還有婚禮當天的流程細節等。我原本還覺得學弟是小題大作，不過就是一場婚禮主持，結果到了婚宴當天，大家都能感受到他精準掌控全場的主持功力，有歡笑有感動。別說賓客都融入其中，連我這新郎官聽了他富有感染力的口白，都不自覺地掉下了男兒淚。

滿滿的義氣相挺

婚宴會場的布置，我當初就不打算假外人之手，剛好扶輪社有朋友是專業的劇場舞臺設計，我就只拜託他一件事，就是我要以彩虹旗作為背板，讓新人送客時拍照的畫面，都有代表性別平權的彩虹旗陪襯。

其實我當初只想隨便買兩面比較大的彩虹旗掛出來就好，沒想到我這朋友把它當作一件大事，專程跑到迪化街的永樂市場去買布來訂製。紅、橙、黃、綠、藍、紫羅蘭六個顏色，一條一條縫製上去，整面比牆壁還大的彩虹旗自然透露出光澤，就這麼美麗地掛在婚宴入口處，讓進場賓客都能看到彩虹的多元包容！

感人的是，朋友還幫我揪了一大群臺北同心扶輪社的夥伴，當天下午就專程趕到新竹，義務為我布置晚上的婚禮會場。結果，我一毛錢也沒花，卻得到了一場完全客製化、絕對與眾不同的婚禮。

宣傳婚姻平權的絕佳時機

感動於朋友的用心，我特別跟太太爭取了兩分鐘的時間，讓我在舞臺上拿著麥克風講話（為什麼說是爭取？因為我太太實在很怕被我拿到麥克風會名嘴上身，把婚禮場搞成選舉的「凍蒜餐會」）。我之所以要講一點話，是想趁著臺下五百名賓客都在場的機會，向他們介紹桌上彩虹旗所代表的意義，接著話鋒一轉，說：「我今天很幸福，只要太太跟岳父、岳母同意，就可以跟相愛的伴侶結婚。可是，就在此時，在座有很多同志好朋友，他們想結婚，卻沒辦法像我們這樣地簡單。既然我們常說『願天下有情人終成眷屬』，是不是我們也要一起支持這彩虹的國度，讓婚姻平權，讓多元成家？真愛就像彩虹，永遠沒有盡頭！」

說這些不是我愛現，而是我知道，要落實婚姻平權的夢想，就要突破既有的同溫層，而異性戀的婚禮就是最好的宣傳場合。

道理很簡單，會來婚宴的，都是自己的親朋好友，聽自己人講話，肯定比陌生人宣傳要來得有效。不過，這件事最要感謝我太太，畢竟婚禮當天最重要的主角是新娘，她願意讓整場婚禮都有彩虹旗飄揚，憑良心講，這不是一般人能有的氣度。換個角度想，也是這樣的太太才值得相守一輩子，不是嗎？

至於那面超大的彩虹旗，婚禮結束後，我當然沒丟掉。我要把它存著，希望可以借給未來有需要的婚禮新人。這真不是嘴上說說而已，過了一年，一位在高中教書的大學學妹結婚，還真的跟我借了這面特製的彩虹旗，我去吃喜酒時，也一樣感受到她對婚姻平權的支持。所以說，不要小看自己的一小步，你真的可以讓性別平權邁進一大步！

不正經碎碎念

二〇一九年二月，在一次政論節目《鄭知道了》的錄影現場，討論行政院推出的同婚專法《司法院釋字第七四八號解釋施行法》草案，我竟然失態掉淚。隔天就有新聞下標「同婚草案通過，黃益中被張守一嗆哭」……關於此事，我真的要澄清事實：我不可能被護家盟的祕書長張守一給氣哭，也從來沒有人能氣哭我。當天錄影，我是想到二〇一六年底自己的婚禮，當我站在舞臺上，看著臺下那麼多的同志朋友，風塵僕僕來到新竹為我祝福，而我這些年來，卻不能為他們多做什麼，才會一時難過哽咽。

事後想想還是覺得滿丟臉的，自詡硬漢如我，鐵石心腸竟也有融化的一天啊。

PART 5

Slash! 越活越快活的斜槓人生

健身是意志力的訓練，永遠沒有藉口

從我從事「巢運」有知名度開始，我的髮型始終維持三分頭，然後都盡穿些合身的T恤或西裝，記得二〇一五年出書才沒多久，陸續接受媒體採訪，就開始有了什麼「胸肌天菜」、「教師界張孝全」之類的封號，一瞬間整個聚焦點都來到我的身材、長相，至於我那埋頭認真寫了七萬字的《思辨》，這些社會弱勢議題似乎變得不是那麼引人注意。

新書焦點被轉移，可能有些作家會覺得不受尊重，但我倒是很感謝這些媒體朋友的報導，因為他們都是老江湖了，很清楚市場需要什麼亮點。他們用妙手生花的筆觸，把我描述成了個性鮮明、正義感十足的人，再搭配我健壯的身軀，一副美國隊長現身臺北街頭的樣子，好像好萊塢電影情節，從此公平正義有了守護者。

但這一切都是誤打誤撞，說是無心插柳也不為過。

不服輸的性格

我從來也不是什麼正義之士，我出身平凡，從小別說私立貴族學校，連讀普通的公立國中也沒有「人情班」可進。那些待在放牛班的經驗，讓我對弱肉強食的世界了然於胸，我很理解社會運作有它的一套黑白規則。雖說現在是法治社會，遇到壞人會有法律保護，但那已經是後話了，在當下原始的暴力狀態，能擋多少是多少，有越多的自我防衛能力，對自己、對旁人，都是多一份保障。

當初練健身的想法很單純，就是不想在籃球場上輸人。

大家都知道，那種男孩子身體碰身體的運動，衝撞多少難免，可是我高中以前身材單薄，往往被對方頂一下就整個倒地。防守不力就算了，連站都站不穩，那實在很沒面子，又令人不爽。而且，別忘了，我在高中邊讀書邊苦練籃球的目的，還是自以為能在上大學後，靠著帥氣的上籃動作，把到場邊加油的同學、學妹（《灌籃高手》看太多……）。

師父引進門，修行在個人

總之，就在不服輸，甚至可以準備打架的直線性思考邏輯下，我在大一下學期開啟了我的健身生涯。由於師大設有體育系，學校擁有完整的健身房設備，憑學生證還能在晚上免費使用。不過，萬事起頭難，沒人帶領，又怕去健身房丟臉，所以一開始我是先從在寢室做伏地挺身開始，早中晚各做一次，每次大概三十下不到吧，反正先預做了一陣子，我才敢踏進殺戮戰場——猛男齊聚的體育館健身房。

很幸運地，當時有個外系朋友本來就是健身社的，他成了我的入門教練，教我怎麼使用琳瑯滿目的健身器材。從那時候開始，我的生活習慣開始改變，晚餐只吃一點點，甚至不吃；八點以後就去健身房報到，每週去個三、四次，每次一到兩個小時，慢慢就養成了健身的習慣。

健身跟其他運動有兩大差異。

首先，它不像打球有隊友相陪，是一個人的肌肉訓練，很無趣也很累。

其次，肌肉非常現實，沒練它就會消失，必須持續練超過三個月，才會有一些線條形狀。如果超過三天甚至一週沒練，肌肉會消退不打緊，下次再開始練，隔天鐵定乳酸堆積到讓你連舉手都有困難。

關於健身的寂寞，我感觸很深。

二十年前我健身時都還有朋友同行，如今回頭看，還能持續保持這習慣的，真的所剩不多。

健身不僅是肉體的訓練，更是意志力的訓練。

以我自己為例，每次練習內容都大同小異：第一個動作就是拉單槓，直上直下，你可以想成是把自己舉起來十幾次，光想我就胃痛了。接下來做重量訓練，舉很重的啞鈴，很斜的仰臥起坐，重複循環，枯燥乏味。總之，這真的是一場噩夢，我有時甚至會做到反胃、乾嘔。

人生就是這樣，沒有痛苦，哪來

健身是一場心志鍛鍊的旅程

的收穫？我通常會做前面的動作一個小時，在筋疲力竭後，再以拉單槓作為結束。從最痛苦的開始，也以最痛苦的結束。

海軍陸戰隊，不死也殘廢

你說我哪來的意志可以堅持到現在？這裡我倒要謝謝國軍對我的「栽培」。雖然在入伍前我就保有健身的習慣，但強度畢竟有差，我當兵時選到了人稱「不死也殘廢」的強悍軍種海軍陸戰隊，這個部隊有多強悍，我講個例子給你聽就懂：它竟然在阿兵哥的寢室裡設了兩個單槓架，每晚拉完單槓才能就寢，牆壁上還用大紅底黃色書法字寫著「不怕苦」、「不怕難」、「不怕死」，連寢室都這麼強悍了，何況整個營區。

那真是我人生最健康（眼淚已落下）的一段時光。每天早上五點半起床，只穿陸戰隊小迷彩短褲，睡眼惺忪就開始五千公尺跑步，最後幾圈還得加碼衝刺，明明跑完喘得要死，緊接著又是伏地挺身和仰臥起坐，最後再拉單槓作結。現在雖常聽到很多朋友會去跑趣味馬拉松，跑得津津有味，旁邊有正妹加油，還可以拿贈品，但那種是跑累了可以慢慢走，陸戰隊弟兄跑起來則變瘋子，好像都沒有心臟一樣，還不允許脫隊，誰跟你跑累旁邊休息一下，你敢，就等著被羞辱、被訐譙，晚上回寢室也不用睡了（會被拉去加強訓練）。

人的極限是可以不斷挑戰的，習慣當兵這種體能強度後，我每天下午四點運動時間還會自己加強重量訓練。雖然營區沒有健身房，但戶外有單槓、雙槓，我就一個人利用這種最簡便的器材，訓練胸肌、背肌、腹肌、手臂肌。問我成效的話，憑良心講，這比我入伍前去健身房還有效果，我現在的身形大概都是當兵時練出來的。

藉口是自找的，在家也能健身

好漢不提當年勇，男人總愛說以前當兵時多勇猛剽悍，身旁的女伴看著他如今走鐘的身形，心中總會充滿N個問號，不知這些往事到底是真有其事，還是另一半又在膨風。**健身不受時間、地點限制，隨時可以開始，但這也意味著只要稍稍意志不堅，就會隨時半途而廢。**我自己的經驗是，珍惜你曾努力過的一切。誰管你以前練得多結實、多漂亮，現在沒有，就是沒有。脂肪也很現實，好吃懶做它就會出現，不用扯什麼你天生體質易胖（奇怪，那你學生時代怎麼都吃不胖）。

藉口都是自己找的。

很多朋友都會說，平常上班時間很久，下班都累了，實在找不出時間上健身房啊。這點我同意，我自己也是。我要說的是，我現在絕大部分的健身，都不是在專業的健身房裡，而是在我自己家裡，或是在我家附近的公園跑步。

以前只當高中老師時，生活比較單純，我都是固定利用下班時間去健身房運動。自從有了點知名度後，通告活動變得很多，我常常下班後晚上還有工作要接，有時回到家都十點、十一點了。那怎麼找時間健身？簡單啊，如果晚上有事，就早上提早一小時起床，上班前在家健身。我在家裡有準備一組伏地挺身握把，一個可自行增減重量的啞鈴、一組握力器、一個腹肌滾輪，再加一個瑜伽墊。這些簡易器材其實花費非常低，這二十年來陪我搬過不下十次家，真用壞了就再買新的，無論如何，一次都要做足一個小時。

但我也超會賴床，若真的早上起不來，晚上下班又沒時間健身，隔天就一定要做，也會盡量補齊前一天的份。

出國旅行也一樣，那麼長的日子怎麼可以不練？飯店若設有健身房一定要去，如果沒有怎麼辦？比方去日本玩，旅館房間小到不行，我一樣會想辦法在地板騰出一個可以做伏地挺身的空間，在床上抬腿、仰臥起坐。

不管做什麼運動，把握一個原則，永遠不要休息超過兩天，我不相信你的身材會走樣。

把健身視為一生的修行

關於健身，朋友最常問我兩個問題：你有沒有另外請私人教練？你是不是不吃澱粉，只吃高蛋白？

很多朋友去健身房都會找專業的健身教練貼身指導，以我多年經驗來談，我個人覺得這是一筆不小的金錢支出，畢竟一堂私人教練課現在行情大概都要新臺幣一千二到一千五百元，一次至少要買十到十五堂。如果經濟能力許可，我樂觀其成，但對於更多收入有限的朋友，我的建議是，剛開始可以找個有在健身、懂簡單器材操作的朋友帶你走一圈，然後，不要貪心，挑幾個你想著重鍛鍊的部位熟悉操作就好。之後你就可以自己做了。

健身重點不在多，在精熟

健身的重點在精，不在多。

記住，你不是要參加健身比賽，只是要身體健康、體態良好而已。

由於公立的健身中心普遍設置，收費又低廉，一小時才新臺幣五十元，所以健身房的經營模式也跟著改變，會費都不高。我舉個例子，十五年前我在臺北東區的加州健身房，每個月要繳費兩千元，如今類似的連鎖系統健身房，有的月費都不到一千五百元，甚至只收一千元。收費太便宜的結果，就會使得健身房改用私人教練課程來補足收益，問題是，這課程要怎麼來呢？只好逼這些教練轉成業務員，纏著客人不放。

老實說，我個人是不喜歡這種商業模式的。對我而言，我付費成為會員，就是希望享有一定的品質，以及不被打擾的環境。記得第一次入會時，我被贈送了一堂免費的私人教練課程，因為我本來就有健身基礎，教練就先請我做幾個動作。看我做完，他皺著眉頭說我動作不確實，很容易受傷，接著帶我去量體脂，然後拿出一張很專業的表格，解釋我可以怎樣進步，又說要搭配高蛋白飲品。重點是，當我最後跟他說「沒關係，我不用買課程」以後，他原本熱情如火、燦爛如花的笑容，瞬間結冰，整個僵住，一副不可思議、怎麼會有人不買他課程的表情。

接下來的一整年，每當我踏進那家健身房，難免會遇到這位教練，他那完全陌生、冷若冰霜的眼神，讓我覺得自己好像做了什麼傷天害理的虧心事，頭都不敢抬起來。拐個彎，又看到教練用他那火熱的雙眼，直盯著下一個會員，又是用同樣的話術：「哎，你這樣動作不標準」、「哎，你這樣做很容易受傷」……一次次輪迴著。

我真心為這些專業的體能教練抱屈，曾幾何時，他們也要淪落成惹人厭的業務員。但我也真心為會員抱屈，我們真的只想好好一個人運動，若有需要我們會買課程，拜託教練不要讓大家都為難啊。

少吃、多運動是不二法門

健身真的很累，如果還要搭配飲食，這個不能吃、那個不能吃，這樣的人生未免太淒慘。我天生是比較瘦的體型，所以我自己的經驗是，剛開始健身時我會吃高蛋白增重飲品，大概吃半年，身體的肌肉線條就有出來。畢竟是學生時代，不可能花太多錢買高蛋白，所以後來就停了。這二十年來，我並沒有另外花錢在吃這些專業飲品，也沒有刻意避油炸或甜食，頂多就是多攝取雞蛋、豆奶、牛乳。我向來都是正常吃喝，但隨著年齡增長，我發現過三十歲以後身體代謝真的有變差，所以在飲食上改吃七分飽，不勉強吃多，也不太吃宵夜，大概這樣而已。

別說是無氧的重量訓練，即便有氧的長跑，真的能燃燒的卡路里非常有限。國內外專家都有說，真要減肥，飲食占了七成，運動只占三成。

舉個例子，一包蔥燒牛肉麵的泡麵熱量就將近六百大卡，一杯七百CC的全糖珍珠奶茶熱量更高達七百大卡，半糖也有六百大卡；而你慢跑一個小時所消耗的熱量，也差不多是六百五十五大卡。

一杯珍奶十分鐘就可以喝完，但你有可能為了這杯飲料就乖乖去跑一個小時嗎?!

健身之所以能減脂瘦身，是因為事前至少要空腹兩、三個小時，否則飽食後又激烈運動，很容易嘔吐。運動完整個人都會有點虛脫，只想大量喝水，根本也沒有食欲。如此保持每兩天一次的高強度運動，你至少可以確定，有一整個半天你都不會想進食，持續下去自然就能瘦了。

生於憂患，死於安樂

二十年的健身人生，因為有它，讓我把妹更順利（自己說），也得到了粉絲的關注

度。但我必須承認，我真的很討厭健身，每天早上起床，最痛苦的就是健身，有時甚至是半閉著眼睛才勉強做完仰臥起坐的。網路上有句話是：「連體重都控制不了，你還決定得了什麼？」這句話很殘忍，甚至有歧視意味。對於健身，我沒想那麼多，就是把它當作意志力的訓練罷了。

生於憂患，死於安樂。健身是一場試煉，也是一生的修行。

不正經碎碎念

競技型的運動非常講求天生的身體素質，一個優秀的體育選手要成功，必須先有天分，再加上後天努力，不是勤勞就能補拙。健身則是靠自己，完全可操之在我，這是全民都可以做的運動。當然了，最簡單的運動，往往也最難維持。

我的斜槓人生——戲棚下站久，舞臺就是你的

如同命理師所說，二〇一五年的《思辨》真的讓我從此不再只是一名高中公民老師，我不但有了媒體知名度，臉書的追蹤人數也開始以萬計算，事業因此轉了大運，甚至在同年十月站上了TEDxTaipei年會的演講場上。

這一切，都來得有些不可思議。

人生寫書初體驗

說來尷尬，這本熱了一整年的《思辨》，其實只花了我三個月的時間就寫完，而且本來我還不想寫（或者乾脆說我不會寫比較恰當）。當初是因為朱亞君社長看了我在《遠見雜誌》二〇一四年十二月號的報導，也上網看了我參與社運的經歷，甚至是我過去數年曾寫過的一些報紙投書，以她多年的出版專業嗅覺，認為我很適合把我在課堂上講課的內容，以對話的形式，寫成類似哈佛大學桑德爾教授的《正義——一場思辨之旅》，讓更多人知道原來公民課可以這樣上。

我雖然寫過報紙的民意投書，一篇八百、一千字的，大概一、兩個月會寫個一篇，但突然一次要我交出七萬字的專書，我當場暈頭、直接推掉。可是亞君姐畢竟是見過世面的明星編輯，她也不勉強，只是客氣地先請我把雜誌刊的那篇上課教案寫給她看。那個教案，我以樂生療養院及大埔迫遷案為例，去討論「少數服從多數」這個學生從小到大習以為常，但其實充滿對弱勢的冷漠與不公平的民主原則。

我按著亞君姐給我的脈絡，再參考自己的上課教案，試著寫了一篇三千字的文章寄給她。你很難想像，在她把文字稍微調整、潤飾後，加上她在回信裡面的激動讚美，確實鼓舞了我，讓我開始相信這不可能似乎會成為可能。接下來的三個月，我把過去十年我覺得稀鬆平常的上課內容，原本分散、隨機發揮的議題，好好地整理一番，不知不覺也生出了七萬字的十堂課。

十幾年的準備，畢其功於一役

說是只有三個月，但其實，我十幾年的教學生涯裡都在準備這本書。

當初雖然放棄了記者這個職業，但我沒有離開新聞圈，因為我選擇了跟時事最相關的公民老師。我都跟學生開玩笑說，只有公民老師上課看報紙不會被罵，因為報紙就是我的教材。認識我的朋友都知道，不論去到哪裡，我身上一定隨身帶著報紙、雜誌，吃飯時只有一個原則，就是邊看報紙邊吃飯，這飯一定超好吃。而且，當天的報紙，我一定要從頭到尾都看完，白天看不完的晚上睡前也一定要把它讀完。這就是為什麼我每天早上八點第一節課都很痛苦的原因。

你說看個報紙也要熬夜，到底是有多好看？不瞞您說，還真的超級好看。而且只看一份報紙根本無法滿足，每天讀四大報是基本，大數據、網路熱門新聞也都是必搜，甚至電視新聞一臺一臺看，再加上政論節目，邊看電視還要邊看當期雜誌。平均我一天至少要花四個小時來看新聞。

國內看，出國當然也要看。早期出國就像斷了線的風箏，說來也可悲，飯店都有英語CNN、日本NHK，甚至對岸的中央電視臺，各國都有，就是沒有臺灣的電視新聞可以看。還好現在網路發達，我出國都會隨身帶著電腦，連接臺灣YouTube，即便在半夜看新聞重播我也津津有味。

這裡我要表揚自己一下，改變臺灣媒體生態最有名的《壹週刊》，從二〇〇一年五月三十一日創刊，到二〇一八年停止發刊，合計十七年八百八十期，我每一期都有買，連當兵時在成功嶺懇親，我都拜託我爸媽一定要帶當期《壹週刊》給我。現在的《鏡週刊》也一樣，我也是從發刊起就每期必買，光從每次出國回來第一件事就是跑便利商店買《鏡週刊》這點，你就知道我對新聞八卦的執著。

就是因為新聞時事已經融入我的人生，就像鄉民常形容的，「像呼吸一樣自然」，讓我累積了足夠的社會觀察力，不只上課能信手拈來、就地取材，得到出書的機會後，我真的可以在一邊上班上課、一邊書寫兩頭燒的情況下，短短三個月就交稿。

報紙投書，不屈不撓

有了知名度以後，很多事都不一樣了，媒體投書這件事讓我感觸最深。

我人生第一次投書是在二〇〇八年二月學測考完以後，那是我剛成為高中公民老師所遇到的第一次大學學測，當年考題不甚理想，還在考純記憶性、死讀書的填鴨選項，我認為這會影響到未來是否繼續維持公民考科的社會觀感。還好有研究所同學隔海指導，他當時人在中國大陸擔任外派記者，教我報紙投書要用破題法（我真的被「起承轉合」這作文寫法害慘了），還直接幫我把文章的結論改成第一句破題，結果真的登上了民意論壇。

看到自己的名字出現在報紙上，有一股莫名的成就感。後來，我又試著寫些自己有興趣的社論，寄給報社期待也能被登出來。

說來感傷，畢竟我的職業欄只是一個沒任何名氣的高中老師，文章要被刊登，除非真的寫得很好或有一針見血的論點，否則被退稿是家常便飯。算一算，辛苦寫完還改到專注完美、近乎苛求的社論，投三篇能中一篇就偷笑了。

但我也知道，這不是編輯在刁難我，而是版面有限，我又不是咖，為什麼一定要刊我寫的？

我每天看那些投書，也一面在做功課，想著很多文章憑良心講也寫得一般般，為什麼人家就會被刊登？然後才發現：喔，因為他當過政務官；喔，因為他是大學教授；喔，因為他真的很有名，直接寫固定專欄了。

雖然沒有頭銜，但我這個人就是不喜歡放棄，反正被退稿就再寫，重點是時事敏銳度不能鬆懈。俗話說：「戲棚下待久了，舞臺就是你的。」這真的不是安慰之詞，我出書後，聯合報系的「udn鳴人堂」也馬上來邀約專欄，稿費更是double起跳，還陸續有好幾個媒體來邀稿。

人生就是這麼奇妙。過去是認真投書，忐忑等待，然後被報社打槍。如今是我事業忙碌，搞得自己都沒時間寫專欄了。

不正經碎碎念

十幾年來，每週三買到《壹週刊》或《鏡週刊》，我首先就是翻到最後一頁的「瑪法達談星」。我很信瑪法達老師的星座運勢，該週若說水瓶座有衰運，我一整個禮拜都會掛在心上。與其說是迷信，寧可說是提醒自己，行事要謹慎，小心得罪人。「滿招損，謙受益」，行穩才能致遠啊！

一邊斜槓，一邊社會觀察——我看談話性節目

專欄有了，再來就是電視通告。

這裡特別要感謝「巢運」的訓練。社會運動要引起共鳴，除了議題要切合民怨，最重要的，就是媒體的曝光度。沒有媒體報導的社運，最終可能只會淪為同溫層的小圈圈取暖行動。

我聽過有些社運人士批評主流媒體，只會報導行車記錄器畫面、爆料公社這類不著邊際的瑣事，對關係國家社會的重要大事卻愛理不理。關於這件事，我倒有不同的看法。

開記者會要有「哏」

我個人是沒把理想性擺太高，畢竟媒體也有收視率考量，一則新聞才兩分鐘，是要怎麼講大道理？所以每次開記者會時，我都會在前一天就想好響亮的標題，然後草擬一份五分鐘內的發言稿，鏡頭帶到我時，就盡可能簡單、清楚地表達訴求，重點是講話要有哏，千萬不要自言自語又落落長，聲調還有氣無力的。

道具也是必備，我記得巢運時，為了諷刺政府表面奉行三民主義，實際上卻違背民生主義的「漲價歸公」精神，我想了一個標題叫「房價靠北貴，國父會流淚」，再去西門町買國父孫中山的遺像（老闆一定覺得我很怪），還在國父遺像上貼了兩滴眼淚，帶去記者會現場高舉。果然，這哏打中了記者，當天的記者會吸引各家紙媒與電視臺，也確實在新聞上露出了。

搞社運要鋪哏這檔事，屢試不爽。巢運當天，我請居住正義協會的會員身著統一設計的白T坐在地上，重點是，我在第一排安排了以前教過的正妹學生。結果不意外地，隔天報紙的頭版照片，就是那兩位正妹。

談話性節目的養成訓練

二〇一四一整年的巢運記者會訓練，讓我漸漸不怕鏡頭，也累積了一點知名度。當時東森財經臺的談話性節目《57新聞王》很關注居住正義，偶爾會邀請我以巢運代表的身分去節目上發聲。一開始我是以鄉民團的身分發言，一個小時的節目頂多發言三分鐘，不過我一樣比照記者會的訓練，事先準備好道具和講稿，充分把握僅有的兩、三分鐘，把該講的、該罵的一次說清楚。

這裡特別要感謝當時的主持人徐俊相哥，雖然已是當家臺柱，他對我這素人卻很客氣、很有耐心，事前re稿就教我如何在節目上抓住重點，不斷為我加油。這樣謙虛、不吝指導的前輩，啟蒙了我在談話性節目的另一條事業道路。

二〇一九年，正寫著第三本書的我，不可諱言已是國內談話性節目的常見來賓，特別是政論節目，你想得到的各電視臺，大概能去的我都去過了。我以一個公民老師的身分，除了基本的政治話題、跟工作有關的教育觀點，還有我最關心的同性婚姻、性平教育外，我連家庭、親子、兩性、法律、理財類都談過。反正製作單位問我能不能講，只要錄影時間能配合，我都是一口答應、什麼都講。

媒體名嘴的第一手觀察

講到這，不能不提「媒體名嘴」這個被許多知識分子鄙視、甚至唾棄的行業。網路上最常用來酸名嘴的，就是「從外太空聊到內子宮」，不然就是「ＬＢＪ喇叭嘴」，嘲諷這些名嘴好像從小就都是神童，上知天文、下知地理，還下到水裡。但人就是這樣，一邊酸也是一邊看，或許有人真的不想也不屑看，但收視率這種數字統計騙不了人，每天晚上就是有這麼多觀眾愛看這些「庸俗」的節目，只能說，青菜蘿蔔各有所好囉。

話說回來，名嘴真那麼神，什麼都懂、什麼都能講嗎？怎麼可能。名嘴也是人，一天跟你我一樣只有二十四小時。那他們哪來這麼多知識呢？當然是靠製作單位的事前準備。有時工作人員遞上厚厚一疊資料，在你還沒搞清楚邏輯脈絡的當下，只給你三十分鐘背稿，你就要上戰場活靈活現地講出來。

大家常常只看到名嘴在節目上輕鬆自在地跟主持人談天說地，就想著這樣「出一張嘴」也能領到不低的通告費混生活，但其實，名嘴生活的壓力跟強度，都是觀眾在節目上看不到的。專職的名嘴每天往往要趕個兩、三場通告，從下午到晚上，別說好好坐下來吃飯，能順利搭上計程車趕路、不遲到就謝天謝地了。

對，看似光鮮亮麗的名嘴就是這樣過生活的，連請個假都不敢，深怕這次不到，下次就沒通告可接了。

我不是專職名嘴，我白天有自己的教書工作要顧，不用像這些名嘴要趕場錄影。我的壓力只來自新聞資訊的掌握，因為我既沒有媒體從業背景，也不像民意代表有很多內幕能爆料，雖說新聞時事是我的興趣甚至是人生志向，但上談話性節目畢竟不像教書，可以用寒暑假時間好好備課，每天要談的話題都是當天中午才知道。

所以，我給自己的功課是，除了每天一早就要看完當天所有的報紙（至少第一落要看完，其他可以回家慢慢看），牢記每週各大雜誌的內幕報導都只是基本功，還要隨時盯著手機叮咚叮咚傳來的即時新聞，網路上鄉民的意見也要追，PTT、臉書粉絲專頁熱門討論串也是我每天晚上必做的功課。

看到這，可能會有人說：「這是你自找的，又沒人強迫你上節目，少在這邊討拍！」千萬別誤會，我只是把我親眼見過、親身體驗的名嘴幕後寫出來，讓大家有比較清楚的認識而已。當名嘴有沒有辦法賺大錢我不知道，但身形「消風」是肯定的職業災害，我有時悲慘到一天的第一餐是在晚上十點半。

你說怎麼可能？

我一天的行程大概是這樣的：一早六點起床先在家裡健身一小時，早上八點開始連上四節課；午餐時間因為睡眠不足沒有食欲，只好補眠；中間利用空檔時間，趕緊補看時事資料，傍晚下班後再到內湖錄政論節目，然後穿著西裝騎速克達機車（最怕遇到下雨）趕去八、九點的演講活動或網路直播節目，整個行程結束都已經十點多了。補充一點，趕通告是不可能自己開車的，一旦遇到塞車或臨時找不到停車位，沒有人可以承擔「遲到」這兩個字。

因為這樣，人家量體重是怕吃太多過重，我每天量體重卻是擔心過瘦。

自我實現的斜槓人生

美國心理學家馬斯洛（Abraham Maslow）在他著名的「需求層次理論」提到，人類需求會從較低層次的生理需求、安全需求、社會需求，逐步走向較高層次的尊重需求和自我實現需求。尊重需求能使人對自己充滿信心，對社會滿腔熱情，體驗到自己活著的用處和價值；而自我實現需求，是指能實現個人理想、抱負，發揮個人的能力，使自己越來越成為自己所期望的人物。

我一個公立學校的公民老師，工作穩定無虞，跟學生的互動也可以教學相長，要說我到底有什麼不滿足的，我想可能是水瓶座性格使然吧。我的個性就是好奇心旺盛，喜歡觀察思考，求知欲也強，坐不住也停不下來，超怕人生從此安逸。如今有機會透過社論專欄、電視通告的方式，把我平常講課的內容，改成對全民來開講，實在是很有趣的挑戰。

把我過去二、三十年研讀新聞所積累的知識，轉化成如今「斜槓青年」（Slash）的養分，用多重職業與身分開展多元的生活，這就是我的自我實現，也是讓人生持續保持熱情的動力。

PART 6

旅行，是最好的自省課

攝影之眼，開啟有故事的旅行

我的好友、種子音樂創辦人田定豐，在他那本極暢銷的攝影書《豐和日麗攝影詩集——愛情與土地的對話》裡提到，為了記錄臺灣這片生長的土地，從一個完全不懂攝影的門外漢，一步踏進了攝影的世界，也開始了他一連串的環島壯遊。關於「拿起人生第一臺單眼相機」，我也很有感觸。

人生第一臺單眼相機

我三十歲前的人生是很狹隘的，明明工作穩定也衣食無缺，可我就是不愛旅行，放假時除了跟朋友一起把妹、上夜店聯誼這些，其他時間就是窩在誠品書店，不然就是關在家當宅男。活動範圍基本上不出臺北，別說沒出過國沒有護照，連外縣市都很少去。

是攝影改變了我的人生。

我向來是個好奇寶寶，每隔一陣子就會突然熱衷某個事物，然後把相關書籍買回來研究。以前大學打工就迷過調酒，魔術也學過，連星象、塔羅牌我也著迷，甚至還擺攤幫人占卜過。

大概是受到研究所好友的影響，他當時正開始學攝影，我不知哪根筋不對，竟也把目光轉移到攝影。於是，我買了臺單眼相機，然後依著往例，開始買書學習，光圈、快門、曝光補償，甚至「搖黑卡」這種術語也跟人家背得有模有樣。接下來就是戶外實戰，跟著好友從在臺北互拍開始練習。

攝影就像是另一雙眼睛，透過相機鏡頭，你會發現以往平凡無奇的街景路樹，落在觀景窗的小小世界，它就開始有了生命力，有了獨特的面貌。

不過說是這樣說啦，我從開始學攝影到現在也有十年了，這期間好的相機跟鏡頭投資從不手軟，書上教的我也都有認真讀，可我就是沒辦法拍到人家攝影書要的那種感覺。後來我就懂了，會不會攝影跟器材沒太多直接關係，先天跟後天都欠缺美感的人真的勉強不來，我只是努力「拍照」，但終究不是「攝影」。

跟我個性有關，我從來就不是感性的人，攝影上，我喜歡的也都不是大自然的鬼斧神工，反而是帶有歷史故事的人文古蹟。我一路從北到南，沿著臺灣各地古蹟，大概《文化資產保存法》有列管的一級、二級古蹟都走過了（現已改稱國定／市定古蹟）。我通常會搭配旅遊書，就像打電玩破關一樣，一個點、一個點累積。

從觀光角度來看，臺灣實在是寶島，交通方便，物價也不高，最讚的是古蹟附近都會有當地厲害的小吃。基本上，順著「一府二鹿三艋舺」的歷史脈絡，從南到北都有得拍也有得吃，真正是「有呷擱有掠」（臺語，意即有吃又有得拿）。

我很喜歡的作家王浩一，從臺南一哥做起，用他的文字跟照片，把「臺灣京都」府城的人文自然之美介紹給國人，帶起了當地的文青旅遊風潮。我聽過旅行業一個說法，到一個地方一天是觀光，同一個地方待兩天以上是旅遊；如果可以待超過五天，那叫「lifestyle」，已經可以融入當地的生活風情了。王浩一不只介紹臺南，後來還寫了《旅食小鎮——帶雙筷子，在臺灣漫行慢食》，循著美食的腳步，帶出臺灣小鎮、老街背後的典故與故事。

有了歷史的小鎮，那文化的生命也就跟著回來了。

世外山城——北埔老街

不過，文化的氛圍也不是只靠幾個作家、幾個店家的努力就能撐起。就以新竹的北埔老街為例，小鎮座落在秀巒山腳下，是一個被層層青巒包覆，典雅美麗的世外山城。特別是著名的國定古蹟金廣福公館，記錄著閩客先人武裝拓墾的血淚歷史，連著的天水堂、姜阿新洋樓，都散發出獨特客家風情的建築之美。這麼美的小鎮，假日人潮雖然不少，但都集中在老街上那些吃吃喝喝的攤位；一旁的縣定古蹟姜阿新洋樓，門票只要新臺幣五十元，旅客卻稀稀落落，多數民眾過門而不入。我曾站在洋樓入口處看牌示，志工阿姨就馬上過來用心介紹，很怕我也只是「路過」。說實在的，我看了都有點心酸。

日本京都的文資保存

老街巷弄內的古宅，儘管有幾家保有客家人文風味的茶館或民宿，但給我的感覺就是「不全」。一樣是古樸的巷弄，我就是感受不到日本京都街道的那種氛圍。待半天、慢慢繞著老街可以，但你要我住下來long stay，真的沒辦法。

不是我要崇日媚外，而是日本在古鎮保存上真的下足了工夫，那是市民整體共同珍惜才可能留下的「全」。

光以京都來講，別說建築物，就連廣告物都有法令限制，比如禁用KED霓虹燈、屋頂不可放置招牌，就連色彩也要管制，規範彩度、明度，列出「禁止色」與「規制對象色」。這些繁瑣的規定，憑良心講，如果沒有市民的共識支持，是不可能立法通過的。

對用心的旅客來說，我們要的絕不是走馬看花或什麼新奇的噱頭，而是古鎮百年的歷史記憶，以及當地人的生活日常。不只京都，整個日本在文資保存的觀念上，確實遠遠超過臺灣。

夾娃娃機盛行，文資保存毀於一旦

小鎮商圈的文資保存之路不但漫長，還有可能不經意就毀於一旦，這才是更令人難過的地方。

比如說夾娃娃機風潮，因為夾娃娃機店人事成本低，只需要支付電費，使得業者付租能力相對較高。有些房東短視近利，只想到眼前的獲利，而忘了整個商圈是要靠整體商家長期經營才能有今日成績的。

臺南府城的五條港區透過政府打造在地特色、扶植文創產業，誕生出曾是無數文青夜晚必定流連的神農街，我每年去臺南都要前往朝聖一番。不幸地，二〇一八年我再次造訪，卻發現那裡竟也出現了夾娃娃機。

財政部統計資料顯示，二〇一六年全臺僅有九百二十間夾娃娃機店，到了二〇一八年，竟急速擴增至六千六百七十八間，成長率高達百分之七百二十五。二十四小時開設的夾娃娃機店在黑夜裡燈火通明，幾乎快要比便利商店還多，被笑稱是另類的「點亮臺灣」。

夾娃娃機在全臺商圈的蔓延，就像河川水質優養化的過程。優養化現象會使得河川裡的藻類數量迅速增加，而商圈裡的夾娃娃機就如同藻類，先是增加水的臭味，接著讓水變濁，最後使水中的含氧量減少甚至用盡。然後，就會看到大批窒息死亡的魚群暴斃、浮在水面上。

神農街的夾娃娃機只是其中一例。很多這種原本破敗無人的舊街道，在有志青年一個個進駐、營造起文化氛圍後，就會面臨到屋主調漲房租，甚至自己拿回來亂做的困境。

看看別人，想想自己。如果我們期許國人多留在臺灣旅遊，甚至成為讓各國旅客喜愛

的觀光寶地，真的要想得更遠，寧可放棄眼前的小利，也要顧好永續經營。見賢思齊，有錯就改，讓自己的家鄉變得更好，這才是正港愛臺灣啦！

出國旅行有感——臺灣最美的風景是人

《富比士》（*Forbes*）特約撰稿人Ralph Jennings曾寫過一篇專文，提到相隔僅一百六十公里且文化相近的臺灣，是中國大陸遊客海外旅遊的首選之一。透過與陸客、臺灣人的訪談，他整理出陸客來臺最訝異的事：「臺灣人非常有禮貌」、「臺灣不十分現代化」、「物價很便宜」。

Jennings指出，多數陸客訝異於臺灣人的禮貌和善意，因為走在路上會有陌生人主動停下幫忙引導方向，店員也都會很親切、專業地回應。在大陸，路上的陌生人被突如其來地發問或打斷都會感到不耐，由此能看出，臺灣人的友善強化了陸客對臺灣的友好印象。

另一份調查，《富比士》所公布二〇一八年全球前十五名「最危險的居住地」及「最安全的居住地」裡，臺灣可是榮登全球最安全的居住地第十四名，在亞洲僅次於第六名的新加坡和第八名的日本，是亞洲最適合居住的國家第三名。看來人家說臺灣最美的風景是人，這句話一點不假。

歐洲：扒手多，提心吊膽

臺灣住久了，有些事好像變得理所當然，特別是在治安這塊。有去過歐洲的朋友都知道，光要應付路上那些扒手集團，就夠你忙的了。朋友聽到我要去義大利自由行，每個人都提醒我要小心扒手，搞得我提心吊膽，別說不敢背後背包，出發前我還專程去旅遊專賣店買防搶腰包，除了基本的上鎖功能，還用鋼線製成，就是用小刀也割不斷。這樣還不夠，我又加買了藏在身上的隱形貼身包，至少擺些現金、信用卡以分散風險，整趟歐洲行程包不離身，連在餐廳吃飯也黏得緊緊。甚至要回國了，都在擔心托運行李能不能安穩運回，因為真的有朋友行李箱整個被打開，裡面新買的名牌貨被偷走再整個蓋回。

這就是人稱「一生必去的絕美城市」。不只義大利，法國、西班牙、希臘甚至比利時，也都是偷竊、搶劫榜上有名的地區。不知道是犯案多到不勝枚舉，還是已經習以為常、麻痺了，當地警方也愛理不理，不像臺灣的人民保姆，不但立馬通報警網，還忙著調閱監視器畫面。搞到最後，旅客們只能彼此告誡要小心安全，遇到被扒、被搶只能自認倒楣，能保住一條小命就算不錯了。

微笑國度：敲詐是家常便飯

歐洲是花大錢旅行怕被扒，東南亞則是花小錢旅行等被敲。

有次我去泰國旅行，訝異發現到處都是歐美人士，心想：拜託，你們家鄉明明就美得跟明信片一樣，幹麼還要搭十幾個小時飛機專程來泰國？待個幾天以後，我就明白，泰國的物價實在便宜，搭車、按摩、SPA、住高級飯店都花不了太多錢，氣候又宜人，確實是旅遊度假好所在。但有一點實在令我不敢領教，就是泰國計程車／嘟嘟車司機的素質。

以計程車來講，明明就有跳表，但當你靠近詢價：「By meter?」（跳表）很多時候都會被拒絕。司機常常看準你是外國肥羊，便獅子大開口地開價。這種先講開的還算好（雖然我已經一肚子鳥氣），還有事前講好了，卻在下車時敲你一筆的。我就曾有過跳上原本應該一趟一人二十泰銖的雙排車，十分鐘後下車，司機卻跟我要兩百元的經驗。當下雖然知道被敲竹槓了，但在人家地盤，也只能當作付保護費，狼狽地花錢消災了事。

一個國家法治沒有制度化，即便有大多數善良的泰國人撐起「微笑國度」這個稱號，但習以為常的敲詐文化，還是大大破壞了觀光客對泰國的觀感。

日、韓朋友對臺灣的肯定

《天下雜誌》「美麗台灣行」專刊曾對臺灣觀光進行一場總體檢，邀集了國內外旅遊專家共商，大家對於臺灣最大優勢的看法是：「一個面積只有三萬六千平方公里的島嶼，擁有高山、海洋、平原、丘陵等地理景觀；有熱帶、亞熱帶、溫帶、寒帶氣候孕育的自然生態。一個只有幾百年歷史的社會，融合著中國、荷蘭、西班牙、日本與西方現代文化；閩南、客家、外省、原住民、新移民族群，匯聚一堂，形成了極其豐富的自然與人文多樣性。」

有次我在韓國首爾逛連鎖書店時，特地看了旅遊類的排行榜，前十五名找不到中國大陸任何一個城市，反而是距離韓國較遠的臺灣，堂堂登上了第十名。至於日本，書店裡的旅遊書區，架上最明顯的，一定是臺灣的旅遊書，連知名藝人「日本碧昂絲」渡邊直美都著有一本暢銷書《渡辺直美の撮る！旅！臺湾！》（我還把它買了回來）。

書店的陳設是騙不了人的，這些都是日韓朋友對臺灣觀光的軟實力，最直接明瞭的肯定。如果我們期許臺灣成為讓各國旅客喜愛的觀光國度，並落實「最美的風景是人」這句話，提升公民素養實在是每個國民責無旁貸的義務了。

不正經碎碎念

凡走過必留下痕跡，有些事，做過一次就夠了。「Daily View網路溫度計」曾透過「KEYPO大數據關鍵引擎」調查臺灣網友意見，有哪些是去了一次就不想再去、令人夢想幻滅的國家，前十名裡歐洲就占了一半，依序是香港、法國、韓國、義大利、英國、泰國、新加坡、捷克、澳門、希臘。

網路時代資訊發達，人家都是會互相探聽的。旅客又不是笨蛋，那些知名景點去過一次就好，誰願意冒著治安風險，給自己找麻煩啊?!

春吶變不出新把戲，墾丁觀光大雪崩

講到墾丁，你會想到什麼？如果上網搜尋「墾丁觀光」，你首先就會看到「觀光雪崩」、「天價滷味」這些字眼。這年頭，網路世界是藏不住祕密的，少數不良店家曾經坑過消費者，即便現在沒有了，但印象既成，長久累積的形象可能就這樣一瞬崩解。

近年亞洲廉價航空興起，解決了交通成本的問題，剩下的，就是國家各憑真本事攬客了。當一張來回機票低到新臺幣五、六千元就能搞定，請捫心自問，差不多的花費、差不多的時間，你是要去墾丁度假，還是要去沖繩、峇里島？

恨鐵不成鋼

PTT上，時不時就會有網友來戰墾丁，「Women Talk」版二〇一八年曾有篇熱門文章，網友發問：

都是三天兩夜，墾丁夏都（一萬六千元）和沖繩機酒（兩萬元），大家會比較想去哪？

不用懷疑，最終答案就是沖繩一面倒勝出。這不是網友在酸言，你去看發文底下的留言，誰沒去過墾丁？誰不愛臺灣？網友的無奈在於恨鐵不成鋼。關於墾丁，網友們是這麼說的：「在墾丁三天兩夜的錢，我寧願去沖繩、韓國、泰國，或貼一點錢去長灘島爽五天，自己好好反省我們花那些錢去墾丁幹麼？品質差那麼多。」「墾丁盤仔大街，不如不去。」「那個很貴的滷味收了沒？」更有網友直言：「太貴了啦～有外國朋友也不會推薦他呀！」

我自己是高中老師，這十幾年來，臺北的學校每年辦畢業旅行時，墾丁向來都被列為必去行程。不只國高中生，大學生更是青春無敵，陽光、沙灘、比基尼，夏天當然要跟同學相約去海邊。

既然如此，那為什麼這些年來墾丁會變成這樣？拜託不要只把目光焦點停留在陸客，好像觀光生存只取決於陸客來不來這檔事。

春吶的「老狗」窘境

墾丁春天吶喊音樂祭自一九九五年首次開辦以來，我一直苦無機會朝聖，一方面是沒朋友揪，一方面則是那邊都是辣妹比基尼，在有女朋友的狀態下，要去就是得跟女友一起去（但就不可能嗨），不然哪個女友會放心男朋友跟一票狐群狗黨去看（搭訕）辣妹？我一直到三十二歲那年，人生才第一次有機會跟一群單身的高中同學開著同學新買的BMW一路南下，還訂到有海灘的墾丁夏都酒店，簡直拉風到底了。

過去我對春吶的印象，就是人山人海、擠爆各地，從下午到半夜，整條墾丁大街、每個大小沙灘都到處是辣妹、啤酒、電音、跑車。連續三天都沒時間睡覺，下午征戰沙灘排球和比基尼妹；夜晚大街上，酒促妹嗲聲嗲語地，啤酒只好一手一手買。從那次以後，每年四月的墾丁春吶，以及七月的貢寮福隆海洋音樂祭，都被我們列為必去的兩場音樂祭典。人家是獨立音樂「搖滾不死」Rock and roll，我們是有妹搭訕最好，沒妹至少也顧「目睭」（眼睛，臺語）。

現在呢？

先不講墾丁的天價滷味負面新聞在網路上瘋傳，至少就我自己的經驗，每年春吶的演出節目就是固定那幾場，泡泡浴、電音趴很嗨沒錯，但每次都在那邊女子比基尼摔角，老實說，看個一、兩次也就膩了。舞臺上雖然歌手一樣認真演唱，但門票本來就不便宜（一千五百元），春吶期間住宿還要被敲上一筆（四人房上萬元起跳），再加上來回高鐵要三千元……憑良心講，要不是為了看辣妹，誰會一去再去？

沒有擠爆的人潮，辣妹就跟著少。花錢事小，不嗨事情才大條。

二〇一七年的春吶讓我印象最深，整個墾丁春吶空了一半，風吹來還覺得好冷。同年夏天的貢寮海祭也是一樣，以往我從臺北市開車到貢寮，曾有塞六個小時經驗的，那年的車流卻順暢到我懷疑到底是不是搞錯了舉辦日期。

同樣的戲碼總不能每年都上演，老狗如果變不出新把戲，觀眾自然不會再回來。

國境之南，何去何從？

墾丁這個國境之南，可說是臺灣人旅行的共同記憶。二〇〇八年魏德聖導演的《海角七號》上映後，更曾為墾丁創下旅遊的巔峰。當年墾丁旅遊人次約三百四十五萬人次，二〇一四年來到八百三十七萬人次，二〇一八年卻倒退回三百六十萬人次，甚至比政府開放陸客來臺旅遊時還低。

「操你媽的臺北！」電影裡，阿嘉離開臺北後的追夢天堂，來得快，去得也快。要找回往日榮光，提升品質是關鍵，這件事業者急，旅客急，相信我，全臺灣人也都急啊。

不是在日本，就是在去日本的路上

你知道臺灣人出國旅遊最大宗的，是哪一國嗎？

臉書朋友間流傳了一句玩笑話：「一整年，我的朋友不是在日本玩，就是在準備去日本的路上。」從這裡就能知道，去路上隨便問，答案大概十之八九都會是日本。

說到日本的觀光，真的沒話講，儘管住房不算便宜（空間都在比小的），物價也比臺灣貴個一點五倍（以同等的罐裝飲料來估算），地鐵（捷運）票價則是臺北兩倍多，但很奇怪地，臺灣的夜市小吃漲個十元、二十元，網友就抱怨要抵制，到了日本，卻讓人覺得一切都很自在舒服，還一去再去。

不是在日本，就是在去日本的路上

臺灣人是很願意出國花錢的。根據交通部觀光局統計，二〇一七年臺灣人出國花了七千四百八十九億元，反觀國內旅遊，卻只花了四千零二十一億元，亦即國外旅遊的花費將近國內旅遊的兩倍。臺灣人出國旅遊的首選毫無疑問是日本，二〇一七年臺灣赴日旅客的人數達四百五十六・四萬人次，占比百分之三十六・二，創下歷史新高，也是日本第三大觀光客來源。

如果從世界經濟論壇（WEF）的全球旅遊競爭力評比來看，二〇一七年臺灣在全球一百三十六個國家或地區中排名三十，在亞洲經濟旅遊發展相近國家中，僅勝泰國（第三十四名），東亞國家排名最高的日本則是第四名。

一百分的公廁

日本光是公共廁所就一百分了。走過那麼多國家，我沒看過哪個國家公廁可以乾淨到完全無臭無味的，就日本可以。別說像百貨公司、地鐵這種消費場所，連戶外免費進出的公園廁所，都乾淨到令人詫異。這裡面除了日本清潔人員「一生懸命」的那種職人工作精神，日本人本身的公德心教育也功不可沒。

公德心是我去日本感受最深刻的。走在日本街道上，你不會看到有人亂丟垃圾甚至亂吐痰的，這跟路上的警察數量無關，是日本國人發自內心地願意維持環境整潔。

日本人很重視名譽，而且是看成一生追求的目標。研究日本文化最經典的《菊與刀》一再強調，日本人有保持自己名聲一塵不染的責任，過去武士為了「洗清汙名」，甚至會用切腹的方式來保持自身的名譽。

從垃圾桶看出公德心

舉例來說，日本人行道上的公有垃圾桶，有分可燃物與不可燃物，日本人真的都會仔細分類、做好回收，至今我還沒看過垃圾會滿出來撒在地上的。如果在臺灣，大家心知肚明，別說垃圾分類沒人在理了，更惡劣地，還會看到公用垃圾桶被塞了一包又一包的家用垃圾。臺北市因為施行專用垃圾袋政策，情況特別嚴重，雖說環保局可以據此開罰，但道高一尺、魔高一丈的市民朋友，依然可以趁夜黑風高、四下無人時，用力地把那一大包又一大包的垃圾給塞進垃圾桶。

電視新聞曾報導，當環保局人員來到捷運出口清理行人專用垃圾桶，一打開內垃圾袋，竟然將近八成都是大包的家用垃圾。沒有公德心的結果，環保局只好把垃圾桶移位，或者直接移除。數據顯示，臺北市行人專用垃圾桶的配置，二〇一二年還有約三千處，到了二〇一八年只剩約兩千處，擺置地點銳減百分之三十六。因噎廢食、減少設置垃圾桶的後果，就是真正有需要的民眾找不到垃圾桶，垃圾拎在手上久了，可能又是亂扔，一整個惡性循環。

名譽至上的武士道

日本還有件事讓我印象深刻，就是便利商店裡的現煮咖啡。在臺灣，每天早上我去7-11買報紙時，都得在櫃檯大排長龍等待。為什麼呢？還不就是因為City Café。店員總是一邊結帳，一邊忙著泡咖啡，現在更進一步，連手搖飲料珍珠奶茶也會在便利商店裡現場製作。老實說，在臺灣我很少買這些，一個理由是當我看到店員忙得焦頭爛額，都會想說算了，我買罐裝的就好。

反觀日本的便利商店，你點了一杯冰咖啡，他只會給你一個杯子跟一包冰塊，剩下的，請你自己去旁邊使用自助式的咖啡機。機器的操作也很簡單，都有步驟圖示。

為什麼日本可以自助，臺灣卻要由店員來做呢？我想是因為貪小便宜的心態。其實如果你點便宜的黑咖啡，到了機器前，卻選擇比較貴的拿鐵或其他有加料的咖啡，店員也不會知道。但，名譽至上，日本人不敢也不會貪這種便宜。

就像搭火車，在臺灣時不時就會看到新聞報導哪裡又有人逃票，年齡層從高中生到成人都有，網路上甚至還有人分享逃票教學。憑良心講，臺鐵的票價已經非常低，但還是有人想要以身試法，反正倒楣被抓到了，頂多加收該張票價的百分之五十作為罰款，不痛不癢。但這事如果發生在日本人身上，照《菊與刀》的說法，按武士道教育的傳統，這種不名譽的紀錄，可能得用生命來換，才可洗清汙名了。

吸菸者的禮貌

日本對抽菸的規範，也很值得一提。日本是禁止在路邊隨意吸菸的，別說邊走路邊吸菸，即使隨身攜帶菸灰缸也不行，會根據各區域規定來處以罰鍰。相較於臺灣「菸害防制法」規範的，禁止室內公共場所吸菸，日本反而是規範室外吸菸。吸菸有礙健康這道理，全世界都懂，但日本人限制吸菸的理由卻是因為「禮貌」。日本人很在意吸菸者對不吸菸者的影響，比如路上飄散的二手菸，還有隨手亂丟的菸蒂（臺灣路上的每個水溝蓋底下，滿滿都是菸蒂）。

我的好朋友Frank長期住在日本，本身也是個愛菸家，他在《東京散步思考》一書中特別提到日本吸菸文化的觀察，東京幾乎已是全面路上禁菸，政府會在每個定點設置公有吸菸區，甚至可以下載APP來搜尋，盡可能把吸菸者對路人的影響降到最低。一些新蓋的大型商場建築物，室內也會有專屬的吸菸室，有些還是由香菸業者贊助提供，這些吸菸室設計都很美觀，不會有那種把吸菸者當成犯人關在籠裡的感覺。

科技可以讓世界更美好。近年來，日本也開始流行電子加熱菸，相較於傳統燃燒的紙菸，這種加熱菸不會燃燒，沒有菸灰，它是透過電加熱產生的高溫，將菸絲中的尼古丁與蒸氣一起蒸出來。由於沒有煙霧產生，這種加熱菸所產生的二手菸味，遠低於一般紙菸的味道，即使在室內也不會久久無法散去，把對不吸菸者的影響減到最低，難怪會在日本暢銷。

臺灣的反菸團體一直很怕電子加熱菸引進臺灣，理由是怕青少年受到誘惑。我的看法是，未成年本來就禁止吸菸，至於成年人，會抽的就是會抽，我們可以做好吸菸有礙健康的衛生教育，其餘的，吸菸者自己要承擔。

相較於健康，如何減輕對不吸菸者的影響，以及維護美好環境的公德心，是我更在意的事。

公德心一旦深入民心，美感教育自然會生成，難怪就算散步在日本小鄉鎮，都能有白淨舒適的感受，而這是你去別的國家感受不到的。我想，這些無形的文化資產，就是日本最珍貴的觀光財啊。

東京某辦公大樓旁的戶外吸菸區一隅

《我的不正經人生觀》

【新書發表會】

▌台北場

日期：6月1日（六）

時間：19:00

地點：誠品松菸店3樓Forum

（台北市信義區菸廠路88號）

▌台中場

日期：6月22日（六）

時間：14:30

地點：誠品台中園道店3樓藝術書區

（台中市西區公益路68號）

▌台南場

日期：7月6日（六）

時間：15:00

地點：政大書城台南店

（台南市中西區西門路二段120號）

洽詢電話：(02)2749-4988

*免費入場，座位有限

國家圖書館預行編目資料

我的不正經人生觀 / 黃益中著. -- 初版. --
臺北市 : 寶瓶文化, 2019.05
面 ; 公分. -- (Vision ; 177)
ISBN 978-986-406-159-4(平裝)

1.戀愛 2.兩性關係

544.37 108006559

Vision 177

我的不正經人生觀

作者／黃益中

發行人／張寶琴
社長兼總編輯／朱亞君
副總編輯／張純玲
資深編輯／丁慧瑋
編輯／林婕伃
美術主編／林慧雯
校對／林婕伃・劉素芬・陳佩伶・黃益中
營銷部主任／林歆婕　業務專員／林裕翔　企劃專員／李祉萱
財務主任／歐素琪
出版者／寶瓶文化事業股份有限公司
地址／台北市110信義區基隆路一段180號8樓
電話／(02)27494988　傳真／(02)27495072
郵政劃撥／19446403　寶瓶文化事業股份有限公司
印刷廠／世和印製企業有限公司
總經銷／大和書報圖書股份有限公司　電話／(02)89902588
地址／新北市五股工業區五工五路2號　傳真／(02)22997900
E-mail／aquarius@udngroup.com

法律顧問／理律法律事務所陳長文律師、蔣大中律師
如有破損或裝訂錯誤，請寄回本公司更換
著作完成日期／二〇一九年四月
初版一刷日期／二〇一九年五月二十八日
初版五刷日期／二〇一九年七月五日
ISBN／978-986-406-159-4
定價／三二〇元

AQUARIUS 寶瓶文化事業

愛書人卡

感謝您熱心的為我們填寫，
對您的意見，我們會認真的加以參考，
希望寶瓶文化推出的每一本書，都能得到您的肯定與永遠的支持。

系列：Vision 177　書名：我的不正經人生觀

1. 姓名：__________　性別：□男　□女

2. 生日：____年____月____日

3. 教育程度：□大學以上　□大學　□專科　□高中、高職　□高中職以下

4. 職業：__________

5. 聯絡地址：______________________________

聯絡電話：__________　手機：__________

6. E-mail信箱：____________________

□同意　□不同意　免費獲得寶瓶文化叢書訊息

7. 購買日期：____ 年 ____ 月 ____日

8. 您得知本書的管道：□報紙／雜誌　□電視／電台　□親友介紹　□逛書店　□網路

□傳單／海報　□廣告　□其他

9. 您在哪裡買到本書：□書店，店名________　□劃撥　□現場活動　□贈書

□網路購書，網站名稱：__________　□其他________

10. 對本書的建議：（請填代號　1. 滿意　2. 尚可　3. 再改進，請提供意見）

內容：__________________

封面：__________________

編排：__________________

其他：__________________

綜合意見：______________________________

11. 希望我們未來出版哪一類的書籍：______________________________

讓文字與書寫的聲音大鳴大放

寶瓶文化事業股份有限公司

（請沿此虛線剪下）

廣　告　回　函
北區郵政管理局登記
證北台字15345號
免貼郵票

寶瓶文化事業股份有限公司　收

110台北市信義區基隆路一段180號8樓
8F,180 KEELUNG RD.,SEC.1,
TAIPEI.(110)TAIWAN R.O.C.

（請沿虛線對折後寄回，或傳真至02-27495072。謝謝）